Steffen Seibert (Hrsg.)

Mein, dein, unser
Deutschland

Die bewegendsten Momente
der letzten 60 Jahre

Bibliografische Information der Deutschen Nationalbibliothek
Die Deutsche Nationalbibliothek verzeichnet diese Publikation in der
Deutschen Nationalbibliografie; detaillierte bibliografische Daten
sind im Internet über http://dnb.ddb.de abrufbar.

Das Wort Meyers ist für den Verlag
Bibliographisches Institut & F. A. Brockhaus AG
als Marke geschützt.

Redaktionelle Leitung: Caroline Lerch, Livia Reidt
Lektorat und Bildredaktion: Angelika Sust
Fachberatung: Prof. Dr. Andreas Wirsching
Text: Dr. Bernd Flessner
Vorwort und Kommentare: Steffen Seibert
Interviews: Univ.-Prof. Dr. Karl-Rudolf Korte, Prof. Dr. Thomas Puhl,
Prof. Dr. Krzysztof Ruchniewicz, Prof. Dr. Andreas Wirsching
Deine Meinung: SPIESSER – die Jugendzeitschrift
Herstellerische Leitung: Cornelia Huber
Layout: Horst Bachmann
Umschlaggestaltung: WohlgemuthPartners Neue Kommunikation, Bremen
Umschlagabbildungen: Andreas Zauner, Stuttgart: Porträt Steffen Seibert
picture-alliance/akg-images, Frankfurt am Main: Brandenburger Tor, Demonstration, John F. Kennedy
picture-alliance/dpa, Frankfurt am Main: Beatles, Fahnenmeer, VW-Käfer, Willy Brandt, Wunder von Bern
Satz: Verlagsbüro Wais & Partner, Stuttgart, Verena Schmynec
Druck und Bindung: Firmengruppe Appl, Wemding
Printed in Germany
ISBN 978-3-411-07811-0

Steffen Seibert (Hrsg.)

Mein, dein, unser
Deutschland

Die bewegendsten Momente
der letzten 60 Jahre

Mit Texten von Bernd Flessner

Meyers Lexikonverlag
Mannheim · Leipzig · Wien · Zürich

Inhaltsverzeichnis

An diesem Buch haben mitgewirkt:

Experten aus der Wissenschaft:

Steffen Seibert fragt

Univ.-Prof. Dr. Karl Rudolf Korte

ist nach Vertretungsprofessuren in Trier, Köln, München und Duisburg seit 2002 Professor für Politikwissenschaft an der Universität Duisburg-Essen im Fachgebiet »Politisches System der Bundesrepublik Deutschland und moderne Staatstheorien«. Seit 2000 leitet er die Forschungsgruppe Regieren. 2006 zeichnete ihn das Fachmagazin UNICUM-Beruf als »Professor des Jahres« in der Kategorie Geistes-, Gesellschafts- und Kulturwissenschaften aus. Seit 2006 ist er Direktor der NRW School of Governance.

Prof. Dr. Krzysztof Ruchniewicz

ist Professor für Zeitgeschichte am Historischen Institut der Universität Wrocław, Koordinator des Deutsch-Polnischen Schulbuchs und Mitglied des wissenschaftlichen Rates des Deutschen Historischen Instituts, Warschau, sowie des Hannah-Arendt-Instituts für Totalitarismusforschung, Dresden. Zu seinen Forschungsschwerpunkten zählen die Geschichte Deutschlands und die deutsch-polnischen Beziehungen im 20. Jahrhundert, die Geschichte der europäischen Einigung sowie die internationale Schulbuchforschung.

Prof. Dr. Thomas Puhl

hat seit 1999 den Lehrstuhl für Öffentliches Recht, Finanz- und Steuerrecht, Öffentliches Wirtschaftsrecht und Medienrecht an der Universität Mannheim inne. Er ist seit 2001 Richter im Nebenamt am Verwaltungsgerichtshof Baden-Württemberg. Zu seinen Forschungsschwerpunkten zählen Fragen des Staatsrechts, des Öffentlichen Wirtschafts- und des Kommunalrechts. Sein besonderes wissenschaftliches Interesse gilt der Verfassungsgeschichte.

Prof. Dr. Andreas Wirsching

ist seit 1998 Inhaber des Lehrstuhls für Neuere und Neueste Geschichte an der Universität Augsburg mit Gastprofessuren u. a. in Paris und an der Washington University, St. Louis. Er ist Vorsitzender der Kommission für Geschichte des Parlamentarismus und der politischen Parteien und Mitherausgeber der Vierteljahrshefte für Zeitgeschichte. Forschungsschwerpunkte sind u. a. die Geschichte der Weimarer Republik und des Nationalsozialismus sowie die deutsche und europäische Geschichte seit den 1970er Jahren.

SPIESSER – die Jugendzeitschrift

SPIESSER ist eine unabhängige Jugendzeitschrift von Jugendlichen für Jugendliche. Deutschlandweit schreiben über 150 jugendliche Autoren zwischen 14 und 24 Jahren für SPIESSER und werden dabei von professionellen Redakteuren angeleitet und unterstützt. In originellen und meinungsstarken Texten beschäftigen sie sich mit den Themen, die sie interessieren – von Schule, Studium und Ausbildung über Musik, Freizeit und Medien bis hin zu gesellschaftspolitischen Themen wie der Frage, ob man auf Deutschland stolz sein darf, oder den Unterschieden zwischen Ost und West.

SPIESSER gibt es seit 1994. Inzwischen erscheint die Zeitschrift fünfmal im Jahr mit einer Gesamtauflage von 1 000 000 Exemplaren und liegt bundesweit an über 19 000 Schulen, Bibliotheken, Jugendklubs und anderen Auslagestellen kostenlos aus.

SPIESSER hat auch eine eigene Internetplattform für Jugendliche, auf der berichtet, gebloggt und diskutiert wird: www.SPIESSER.de.

Vorwort

Ich bin eher spät darauf gestoßen, dass es für mein Leben wichtig sein könnte, etwas über Geschichte zu wissen. Die Perserschlachten und Hannibals Alpenüberquerung auf Elefantenrücken – so etwas hatte mir schon immer gefallen. Geschichte als Sandalenfilm sozusagen. Aber mit 16, 17 wollte ich plötzlich ganz viel über unsere Zeit wissen, da wurde ich zu einem einzigen Fragezeichen.

Wie war dieser Staat entstanden, in dem ich lebte? Was hieß eigentlich Kalter Krieg und warum genau hatten die diese Mauer mitten durch Berlin gebaut?

Der Geschichtsunterricht in der Schule fühlte sich weniger zuständig für meinen Wissensdrang. Ein paar Antworten immerhin gabs von meinem Vater – glücklicherweise. Eher selten aus Büchern. Die meisten schienen nämlich für Leser geschrieben zu sein, die eh schon alles wussten. Und die bloß nie ein Bild sehen wollten.

Ich glaube im Nachhinein, ich hätte mich gefreut, wenn es dieses Buch damals schon gegeben hätte. Man kann es lesen, wenn man das sucht, was ich vermisst habe: den »großen Überblick«, das Gefühl also, man wüsste einigermaßen, warum alles so gekommen ist. Man kann es aber auch lesen, wenn man die historischen Augenblicke sucht, die Wendepunkte, die menschlichen Abenteuer, die wie Ausrufezeichen in den Lauf der Geschichte eingestreut sind.

Und darum haben wir es jetzt gemacht. Hoffentlich gründlich genug, damit ihr (oder Sie) viel erfahrt. Aber auch so abwechslungsreich, dass es Freude macht, beim Lesen klüger zu werden.

Steffen Seibert,
1960 in München geboren, kam 1988 zum ZDF. Nach Stationen als USA-Korrespondent in Washington, beim ZDF-Morgenmagazin und bei ZDF.reporter wurde er 2003 Moderator der »heute-Nachrichten«. Seit 2007 ist er außerdem Anchorman des »heute journals«.

Steffen Seibert wurde 2002 mit der Goldenen Kamera ausgezeichnet und erhielt 2005 den Publikums-Bambi (gemeinsam mit Johannes B. Kerner).

Über den Journalismus hinaus engagiert sich Steffen Seibert unter anderem für UNICEF. Er ist verheiratet und hat drei Kinder.

»Ihr Völker der Welt,
schaut auf diese Stadt.«

Rosinenbomber retten Millionen

Gail Halvorsen: berühmtester
Pilot der Rosinenbomber

Es regnet Schokolade

Kinder in geflickter und abgetragener Kleidung klettern einen Hügel aus Trümmern hinauf. Über ihnen setzt eine viermotorige Douglas C-54 Skymaster zur Landung an. Der aus dem Boden gestampfte Flughafen Berlin-Tegel ist nur ein paar Hundert Meter entfernt. Die Kinder haben den Gipfel erreicht und beginnen, dem Piloten zuzuwinken. Keine drei Minuten später nähert sich die nächste Maschine. Doch es ist nicht die, auf die die Kinder mit großen Augen warten. Nach weiteren vier Flugzeugen ist es endlich so weit. »Er kommt! Er kommt!«, ruft ein Junge in viel zu großen Hosen. Der Pilot, Gail Halvorsen (*1920), bewegt als Erkennungszeichen die Tragflächen hin und her. Dann öffnet er ein Seitenfenster und schleudert mehrere Handvoll kleiner weißer Stofffetzen heraus. In der Luft entfalten sie sich und schweben wie kleine Fallschirme zu Boden. Sofort schwärmen die Kinder aus und sammeln die Ladung ein. Auf Brennnesseln oder Glasscherben nehmen sie dabei keine Rücksicht. Denn an den Fallschirmen hängen Schokoladenriegel und Kaugummi. Die Gesichter strahlen. Im eingeschlossenen Westberlin gibt es Schokolade normalerweise nur noch auf dem Schwarzmarkt – zu unvorstellbar hohen Preisen. Zum Glück haben die Kinder einen Freund, der Fallschirme basteln kann! Bald folgen andere Piloten dem Beispiel Halvorsens und sorgen ebenfalls dafür, dass es über Westberlin ab und zu Süßigkeiten regnet.

Schokolade gibt es normalerweise nur noch auf dem Schwarzmarkt.

Während die Kinder genüsslich kauen oder ihre Beute tauschen, wird das Flugzeug des amerikanischen Piloten längst entladen. Der Bodenmannschaft bleibt eine knappe halbe Stunde, um Kisten mit Milch- und Kartoffelpulver aus dem Laderaum zu wuchten. Dann muss die Maschine wieder an den Start. Schon rollt das nächste Flugzeug auf die Parkposition. Die Männer sind erschöpft. Trotzdem reißen sie die Ladeluke auf und ziehen die erste Kiste heraus. Jeder weiß: Nur so können die 2,2 Millionen Berliner im isolierten Westteil der Stadt überleben. Nur so kann die sowjetische Besatzungsmacht davon abgehalten werden, ganz Berlin zu besetzen. Denn das ist das Ziel der Blockade. Jede Straße, die in die Stadt führt, ist für den Güterverkehr gesperrt, jeder Kanal und jede Bahnlinie abgeriegelt. Einzig und allein der Luftraum ist offen.

Nur der Luftraum ist noch offen.

Verhärtete Fronten

Wie ist es zu dieser Situation gekommen? Eigentlich sind die USA und die Sowjetunion politische Gegner: In den USA herrscht eine Demokratie mit einer freien Marktwirtschaft. Die Sowjetunion dagegen ist eine Diktatur mit einer staatlich gelenkten Planwirtschaft. Doch während des Zweiten Weltkriegs müssen sich die westlichen Länder, allen voran die USA und Großbritannien, mit der Sowjetunion verbünden, um Deutschland zu besiegen. Nur kurze Zeit nach dem Ende des Kriegs werden die westlichen Mächte und die Sowjetunion aufgrund ihrer unterschiedlichen Einstellungen erneut zu politischen Gegnern.

Auf der Potsdamer Konferenz im Sommer 1945 beschließen die Alliierten, ihren bereits 1944 gefassten Plan umzusetzen und Deutschland in verschiedene Bereiche aufzuteilen. Die Gebiete östlich der Oder-Neiße-Linie, also Pommern und große Teile von Ostpreußen und Schlesien, werden unter polnische Verwaltung gestellt. Sie zählen bald zum polnischen Staatsgebiet. Das verbliebene Deutschland wird in vier Besatzungszonen aufgeteilt: in eine englische im Norden, eine französische im Südwesten, eine ameri-

Churchill, Truman und Stalin auf der Potsdamer Konferenz 1945

kanische im Süden und eine sowjetische im Osten. Die Hauptstadt Berlin, die in der sowjetischen Zone liegt, wird in vier Zonen gespalten. Durch diese Maßnahme soll die Verwaltung des besiegten Landes einfacher werden. Um Fragen, die ganz Deutschland betreffen, kümmert sich der eigens dafür eingerichtete Alliierte Kontrollrat. Jede Siegermacht hat zudem das Recht, Eisenbahnen, Autos, Traktoren, Fabriken und andere Wirtschaftsgüter abzutransportieren. Diese Reparationsleistungen sind als Entschädigung für die hohen Kriegskosten und die Zerstörungen durch die deutsche Wehrmacht gedacht.

Anfangs sind sich die Alliierten einig: Sie wollen Deutschland als Staat erhalten und so schnell wie möglich einen Friedensvertrag schließen. Doch bereits nach kurzer Zeit arbeitet jede Siegermacht hinter den Kulissen an ihren eigenen Vorstellungen. Vor allem die Großmächte USA und UdSSR hoffen, ihren Machtbereich auf ganz Deutschland ausdehnen zu können. Josef Stalin (1878–1953), der Führer der

PROF. DR. ANDREAS WIRSCHING
Lehrstuhl für Neuere und Neueste Geschichte,
Universität Augsburg

Steffen Seibert fragt:

»Was wäre passiert, wenn Stalins Blockadetaktik Erfolg gehabt hätte?«

Prof. Wirsching, wie hätten die Alliierten reagiert, wenn die Luftbrücke rein technisch nicht durchführbar gewesen wäre?
Es ist immer schwierig, über nicht wirklich geschehene Geschichte zu spekulieren. Möglicherweise wären die Alliierten gezwungen gewesen, andere Zugeständnisse zur Rettung Westberlins zu machen. Gegebenenfalls hätten Amerikaner und Briten zum Beispiel darüber nachdenken müssen, die Gründung eines Weststaates zu verschieben oder Stalin andere, materielle Gegenleistungen anzubieten.

Wäre eine militärische Lösung möglich gewesen?
Ein militärisches Eingreifen wäre keinesfalls eine »Lösung« gewesen, sondern hätte für Europa weiteres Unheil und Verwüstung nach sich gezogen. Ob die USA zu diesem Zeitpunkt tatsächlich zu einem Krieg gegen die Sowjetunion bereit gewesen wären, bezweifle ich. Gleiches gilt aber auch umgekehrt. Auch Stalin wollte keinen neuen Krieg, sondern seine Möglichkeiten durch maximalen Druck austesten.

Gab es damals auch Stimmen unter den Alliierten, Westberlin zu opfern?
Es gehörte 1948 zur amerikanischen Doktrin, der Sowjetunion unter keinen Umständen nachzugeben. Eine Opferung Westberlins, wo ja immerhin alliierte Truppen selbst standen, wäre daher nur als allerletzte Möglichkeit in einer ansonsten ausweglosen Situation vorstellbar gewesen.

Sowjetunion, will Polen, Ostdeutschland, die Tschechoslowakei und andere östliche Länder zu Pufferstaaten machen. Sie sollen die Sowjetunion gegen den Westen abschirmen und vor möglichen Angriffen aus dieser Richtung schützen. Stalin setzt seine ganze militärische Macht, seine Agenten und seine Propaganda ein, um dieses Ziel zu erreichen.

Harry S. Truman (1884–1972), der Präsident der USA, will dagegen ein Vordringen des Kommunismus nach Mittel- und Westeuropa verhindern. Aber wie? Die Androhung von Gewalt kommt für ihn nicht infrage. Auf keinen Fall möchte er einen Krieg mit der Sowjetunion riskieren. Es muss einen anderen Weg geben. Die USA besitzen etwas, das keinem anderen Land derzeit zur Verfügung steht: eine funktionierende Wirtschaft und sehr viel Geld. Die Wirtschaft vieler europäischer Länder ist durch die Folgen des Kriegs stark geschwächt. Für Millionen von Menschen geht es um das bloße Überleben, nicht nur in Deutschland. Daher startet Truman ein gigantisches Wiederaufbauprogramm für Europa, den Marshall-Plan. Ausgearbeitet wird der Plan von US-Außenminister George C. Marshall (1880–1959), der dafür 1953 den Friedensnobelpreis erhält. Mehr als 13 Milliarden Dollar wenden die Amerikaner ab 1948 auf, um neue Fabriken zu errichten, Kohle zu fördern und Getreide anzubauen. Auf diese Weise will Truman allen europäischen Ländern die Überlegenheit der Demokratie und der freien Marktwirtschaft gegenüber der sowjetischen Planwirtschaft demonstrieren. Auch den

Plakate werben für den Marshall-Plan.

Staaten Osteuropas bietet er die Hilfe an. Doch Stalin ahnt natürlich, was sein Gegner mit dieser großzügigen Wirtschaftshilfe erreichen will. Er lehnt ab und zwingt Länder wie Polen und die Tschechoslowakei, aber auch die Ostzone, seinem Beispiel zu folgen.

Heimliche Währungsreform der Trizone

Im Westen aber sind die Gelder willkommen. Kaum sind die Besatzungszonen eingerichtet, überlegen Amerikaner und Briten, wie der Aufbau der Wirtschaft und einer demokratischen Ordnung verbessert

13

werden kann. Sie entscheiden sich für eine Zusammenlegung ihrer Zonen: Am 1. Januar 1947 entsteht die sogenannte »Bizone«. Als sich im April 1949 auch die Franzosen offiziell anschließen, bekommt das neue Gebilde den Namen »Trizone«. Zwar versichern Politiker aus Ost und West in ihren Reden und Erklärungen, dass die Einheit Deutschlands erhalten werden soll, aber die Weichen für eine Teilung sind längst gestellt. Die Menschen in der Trizone betrachten diese Entwicklung mit Sorge, aber auch mit Humor. Der Kölner Schlagersänger Karl Berbuer (1900–1977) komponiert den passenden Schlager. »Wir sind die Eingeborenen von Trizonesien« wird ein echter Hit der späten 1940er-Jahre.

Der Aufbau der Wirtschaft im Westen geht nicht zuletzt dank der Gelder aus dem Marshall-Plan mit großen Schritten voran. Außerdem sind viele Fabriken durch den Krieg nicht so schwer beschädigt wie anfangs gedacht. Im Osten dagegen baut die Sowjetunion ganze Fabriken ab, die als Reparationsleistungen aus dem Land geschafft werden. Allein in Berlin werden fast 500 Betriebe demontiert. Die wenigen verbleibenden Betriebe werden nach und nach verstaatlicht und auf die Planwirtschaft umgestellt. Daher benötigt der Aufbau einer funktionierenden Wirtschaft im Osten viel mehr Zeit.

Doch auch der Westen steht bald vor einem Problem: der alten Währung! Immer noch gilt die 1924 eingeführte Reichsmark. Das Geld ist nicht mehr viel wert: Es ist massenhaft im Umlauf. Viele Bürger zahlen lieber mit Zigaretten. Über Lebensmittel- und Kleiderkarten werden der Bevölkerung Waren zugeteilt. Jetzt gilt es, die Wirtschaft rasch zu stabilisieren. Heimlich beschließen die drei westlichen Besatzungsmächte 1947 eine Währungsreform und drucken in den USA neue Geldscheine. Auf keinen Fall darf die Sowjetunion davon erfahren. Sollte sie nämlich mit einer eigenen Währungsreform schneller sein, würde das alte Geld der Ostzone in der Trizone landen und die Reichsmark wäre dann gar nichts mehr wert.

Die ersten D-Mark-Scheine

Unter größter Geheimhaltung wird das neue Geld nach Frankfurt am Main gebracht. Nur ganz wenige Menschen wissen, was sich in den schweren Eisenkisten befindet, die ins Gebäude der Zentralbank geschleppt werden. Dennoch verbreitet sich das Gerücht einer bevorstehenden Währungsreform. Viele Händler lassen daher ihre Waren unter dem Ladentisch verschwinden. Anfang Juni 1948 gibt es fast nichts mehr zu kaufen. Auch die Sowjets ahnen etwas und bereiten sich vor. Sie können zwar so schnell keine neuen Scheine drucken, aber besondere Aufkleber für die alten. Die Spannung ist in ganz Deutschland spürbar. Dann platzt die Bombe. Am 18. Juni erfahren die Bürger aus dem Radio, dass schon zwei Tage später die neue Deutsche Mark ausgegeben wird. Jeder Bürger kann zunächst 40 und später nochmals 20 Reichsmark in D-Mark umtauschen. Alle angesparten Vermögen verlieren drastisch an Wert. Als am Montag die Geschäfte in der Trizone öffnen, sind die Regale voll. »Plötzlich kann man alles kaufen!«, bestätigt ein erstaunter Kunde einem Reporter. Der Grund ist einfach. Die D-Mark ist knapp bemessen und durch die Volkswirtschaft gedeckt. Es lohnt sich also für die Unternehmer, mit ihr Geschäfte zu machen.

Nach der Währungsreform füllen sich die Kaufhäuser.

Über die Luftbrücke erreichen Carepakete Westberlin.

Bereits am 23. Juni findet auch in der Ostzone eine Währungsreform statt. Das neue Geld kommt in Umlauf, die mit Aufklebern versehenen Reichsmarkscheine, »Tapetenmark« genannt. Sie sollen auch in Westberlin gelten. Doch die Siegermächte der Trizone setzen dort ihre D-Mark durch. So bleibt Westberlin ein fester Teil ihres Machtbereichs. Stalin weiß nun, dass er die Stadt nicht ohne Weiteres in die Ostzone eingliedern kann. Er hat einen neuen Plan: Noch in der Nacht zum 24. Juni lässt er Westberlin abriegeln. Sogar die Kraftwerke Ostberlins sollen den Westteil nicht mehr mit Strom versorgen. Nur der Personenverkehr wird nicht eingeschränkt.

Zwei Millionen Menschen aus der Luft versorgen?

General Lucius D. Clay (1897–1978), Militärgouverneur der Amerikaner in Deutschland, will die Berliner Blockade mit Panzern durchbrechen. Aber Präsident Truman lehnt ab. Er befürchtet einen neuen Weltkrieg. Schnell ist eine andere Lösung gefunden. Ein Vertrag garantiert

Kommentar

»Die unbedingte Pflicht, auch selbst zu helfen«

Dass die Westberliner vor 60 Jahren ohne Amerikas Rosinenbomber gehungert hätten, das können wir uns in unserem Wohlstand heute kaum noch vorstellen. Genauso war ich überrascht, als ich erfuhr, dass Zehntausende deutscher Kinder nach dem Zweiten Weltkrieg nur überlebt haben, weil UNICEF Milchpulver in das zerstörte Land schickte. Das ist nicht bloß abgehakte Geschichte. Diese Erinnerung sollten wir noch lange in uns bewahren. Die Erfahrung, selbst einmal hilfsbedürftig gewesen zu sein, bringt uns auf Augenhöhe mit den Völkern, die jetzt unsere Unterstützung brauchen. Wenn mich jemand fragt, was haben wir mit Afghanistan zu tun oder mit den Nöten Afrikas, dann möchte ich nur »Luftbrücke« sagen. Wer einmal in der Not Hilfe empfangen hat, der hat meiner Meinung nach die unbedingte Pflicht, auch selbst zu helfen.

16

allen Alliierten die freie Nutzung des Luftraums. Doch können mehr als zwei Millionen Menschen aus der Luft versorgt werden? Clay befragt den Chef der US-Luftwaffe, der ihm den Namen William H. Tunner (1906–1983) nennt. Der General hatte während des Zweiten Weltkriegs erfolgreich eine Luftbrücke über dem Himalaja eingerichtet. Als auch die britische Royal Air Force zustimmt, erhält Tunner den Befehl, das bislang Unvorstellbare zu organisieren.

Pro Tag landen über 1000 Flugzeuge in Westberlin.

Zwei Tage später landet die erste Maschine der Operation »Vittles« (Proviant) auf dem Flughafen Tempelhof in Westberlin. Sie hat Milchpulver, Kartoffelflocken und Medikamente an Bord. Eine Fracht, die den Menschen während der kommenden Monate das Überleben sichern wird. Tunner nutzt die drei zur Verfügung stehenden Luftkorridore wie Einbahnstraßen. Zwei der Korridore werden für den Anflug aus Hamburg und Frankfurt genutzt, der dritte für den Rückflug nach Hannover. Dafür stehen den Piloten fünf Luftstraßen in verschiedenen Höhen zur Verfügung. Da die vorhandenen Flughäfen nicht ausreichen, wird in Berlin-Tegel in nur 90 Tagen ein weiterer Flughafen gebaut. Nicht nur französische Soldaten schaufeln und asphaltieren um die Wette, auch Tausende Berliner schuften rund um die Uhr. Schon bald landen mehr als 1000 Flugzeuge pro Tag in Berlin. Bis zum Ende der Luftbrücke sind es insgesamt 279 962 Flüge, die 2,34 Millionen Tonnen Fracht in die Stadt bringen. Der Westberliner Regierende Bürgermeister Ernst Reuter (1889–1953) nutzt die Blockade, um die westliche Welt zu bestärken, dem Druck der Sowjetunion nicht nachzugeben. Am 9. September 1948 hält er vor dem Reichstag eine Rede, die ihn international bekannt macht: »Ihr Völker der Welt, ihr Völker in Amerika, in England, in Frankreich, in Italien! Schaut auf diese Stadt und erkennt, dass ihr diese Stadt und dieses Volk nicht preisgeben dürft, nicht preisgeben könnt!«

Ernst Reuter

Als Stalin sieht, dass die Blockade erfolglos ist und die Luftbrücke perfekt funktioniert, gibt er schließlich auf. Knapp ein Jahr später, am 12. Mai 1949, werden alle Straßen, Schienen und Kanäle wieder freigegeben. Damit ist der Kampf um Berlin entschieden: Der Westteil gehört zu der wenig später gegründeten Bundesrepublik Deutschland, auch wenn die Stadt mitten in der Ostzone liegt. Berlin bleibt eine geteilte Stadt in einem geteilten Land – 40 Jahre lang.

17

»Alle Staatsgewalt geht vom Volke aus.«

Das Grundgesetz wird verabschiedet

Väter und Mütter des Grundgesetzes

Die Aula der Pädagogischen Akademie in Bonn ist bis auf den letzten Platz besetzt. Kaum hat einer der insgesamt 70 anwesenden Parlamentarier seine Meinung geäußert, schnellen mehrere Hände in die Höhe. Ständig ertönen Zwischenrufe. Konrad Adenauer (1876–1967), der Präsident des Parlamentarischen Rates, hat Mühe, für Ruhe zu sorgen: »Aber bitte, meine Damen und Herren. So kann es doch nicht weitergehen!« Es folgt eine weitere Wortmeldung von Elisabeth Selbert (1896–1986) aus der SPD. Sie ist eine von insgesamt vier Frauen im Parlament und fordert, dass die Gleichstellung von Mann und Frau ins Grundgesetz aufgenommen wird. Wieder werden Zwischenrufe laut. Einige der Parlamentarier halten diese Forderung für übertrieben. Andere melden sich zu Wort und unterstützen sie. Erst nach einer langen, ermüdenden Diskussion kann Selbert die Mehrheit von ihrem Antrag überzeugen. Erleichtert lehnt sie sich zurück.

Viel Zeit zum Erholen bleibt allerdings nicht. Denn noch eine ganze Reihe von Artikeln muss beschlossen werden. Bislang liegt ein erster Entwurf der Verfassung auf dem Tisch, der vom Verfassungskonvent im Sommer 1948 auf der Insel Herrenchiemsee in Bayern erarbeitet wurde. Trotz dieses Entwurfs, der von erfahrenen Politikern, Juristen und Verwaltungsexperten stammt, gehen nun die Meinungen in vielen Punkten weit auseinander. In einem aber sind sich die meisten Mitglieder des Parlamentarischen Rates einig. Das neue Grundgesetz darf auf keinen Fall die Fehler der Weimarer Verfassung wiederholen, die für die Machtübernahme der Nationalsozialisten mitverantwortlich waren. Viele Parlamentarier kennen diese Schwächen nur zu genau, haben sie doch den Niedergang der Weimarer Republik als Politiker selbst miterlebt, wie etwa Konrad Adenauer, Theodor Heuss (1884–1963) oder Kurt Schumacher (1895–1952).

Der Parlamentarische Rat tagt, um das Grundgesetz auszuarbeiten.

Die Fehler der Weimarer Verfassung vermeiden

Keinem Amt die alleinige Macht

In der Weimarer Republik zwischen den Jahren 1919 und 1933 war das Deutsche Reich zum ersten Mal ein demokratischer Bundesstaat. Der Reichspräsident besaß in diesem System sehr viel Macht. Er konnte den Reichstag auflösen und sogar den Kanzler eigenmächtig bestimmen. Auf diese Weise war Adolf Hitler (1888–1945) an die Macht gekommen. Reichspräsident Paul von Hindenburg (1847–1934) hatte ihn 1933 zum Reichskanzler ernannt. Mit der neuen Verfassung soll es den Gegnern der Demokratie unmöglich gemacht werden, wieder eine Diktatur zu errichten. Doch wie lässt sich das erreichen? In erster Linie darf kein Amt die alleinige Macht innehaben, und die Ämter müssen sich gegenseitig kontrollieren können. Daher beschließt der Parlamentarische Rat, dem Bundespräsidenten nur wenig Macht zuzusprechen. Er soll Deutschland vor allem außenpolitisch repräsentieren. Der Bundeskanzler wird zukünftig nicht mehr ernannt, sondern von den Abge-

Mit allen Mitteln eine neue Diktatur verhindern

Steffen Seibert fragt:

PROF. DR. THOMAS PUHL
Lehrstuhl für Öffentliches Recht, Universität Mannheim

»40 Jahre später: Auf welche Gesetzesgrundlage wird das wiedervereinigte Deutschland gestellt?«

Prof. Puhl, warum hat man bei der Wiedervereinigung nicht eine neue Verfassung für ganz Deutschland entworfen und darüber abstimmen lassen?

Der Einigungsvertrag legte dem künftigen gesamtdeutschen Gesetzgeber nahe, sich mit der Verabschiedung einer neuen Gesamtverfassung zu befassen und über eine Volksabstimmung nachzudenken. Befürworter wollten, dass das Volk selbst für eine Verfassung stimmen sollte. Gegner verwiesen darauf, dass solch eine Abstimmung keinen Zuwachs an Rechtmäßigkeit schaffen könne, der »indirekte Volksentscheid« über Wahlen reiche aus. Dieser Ansicht schlossen sich Bundestag und Bundesrat an. Sie lehnten eine grundlegende Erneuerung des Grund-

gesetzes ab und beschränkten sich auf einzelne Verbesserungsvorschläge, die 1994 auch verabschiedet wurden.

Ist ein Politiker, der ein Grundgesetz ändern will, ein »Verfassungsfeind«?

Das Grundgesetz ist seit seinem Inkrafttreten mehr als 50-mal geändert worden. Diese Möglichkeit ist in der Verfassung selbst vorgesehen, um auf politische Entwicklungen (wie die Europäische Union oder die Wiedervereinigung) reagieren zu können. Politiker, die solche Änderungen anregen, machen von ihrer vom Grundgesetz geschützten Meinungsfreiheit Gebrauch. Nur wenige Verfassungsgrundsätze sind unabänderlich festgeschrieben, zum Beispiel die Garantie der Menschenwürde.

Bundestagswahl 1949: Die
Wahlurnen werden geleert.

ordneten des neuen Parlaments, dem Bundestag, gewählt. Dabei kann
er jederzeit wieder abgewählt werden, durch das sogenannte konstruk-
tive Misstrauensvotum des Bundestages. Gleichzeitig sind auch dem
Bundestag Grenzen gesteckt. Unmittelbar nach Kriegsende – also lange
vor der Entstehung des neuen deutschen Staates – wurden die Bundesländer gegründet. Sie alle haben ein eigenes Parlament (Landtag), eine
eigene Länderverfassung und einen eigenen Regierungschef (Ministerpräsident). Somit kann der Bundestag nicht sämtliche Entscheidungen
alleine treffen: Bestimmte Beschlüsse werden auf Landesebene verabschiedet. Außerdem kommen die Ministerpräsidenten der Länder
regelmäßig im Bundesrat zusammen, um dort über neue Bundesgesetze
zu beraten und abzustimmen. Ein weiterer wichtiger Grundsatz der
neuen Verfassung ist die Gewaltenteilung: Gesetzgebung (Legislative),
Rechtsprechung (Judikative) und der Vollzug durch die Behörden und
die Polizei (Exekutive) liegen nicht mehr allein in einer Hand und könnten dadurch leicht missbraucht werden, sondern sind voneinander unabhängige Einrichtungen.

22

Die Bürger sollen nun die Grundrechte erhalten, die ihnen während des Dritten Reiches verwehrt blieben. Meinungsfreiheit und Versammlungsfreiheit werden ebenso festgelegt wie Pressefreiheit und freie und geheime Wahlen. Alle Staatsgewalt soll vom Volke ausgehen. Ein wenig Misstrauen aber bleibt, denn schließlich wurden die Nationalsozialisten auch von großen Teilen des Volkes unterstützt. Die Parlamentarier beschließen daher, keine Volksabstimmungen über Gesetze und andere wichtige Entscheidungen ins Grundgesetz aufzunehmen. Zu einem besonders wichtigen Ziel erklären sie die Einheit Deutschlands. In der Präambel der Verfassung, einer Art Vorwort, verpflichten sie das deutsche Volk dazu, »seine nationale und staatliche Einheit zu wahren« und »in freier Selbstbestimmung die Einheit und Freiheit Deutschlands zu vollenden.«

Ein erster deutscher Staat entsteht

Von den drei westlichen Siegermächten, USA, Großbritannien und Frankreich stammt die Idee, in ihren drei Zonen einen deutschen Staat zu gründen. Der Zeitpunkt scheint genau richtig: Das Ende des Zweiten Weltkriegs liegt vier Jahre zurück, der Ost-West-Gegensatz spitzt sich zu und die Währungsreform war erfolgreich. Im Frühjahr 1948 beauftragen die Siegermächte die Ministerpräsidenten der Länder mit der Gründung des Parlamentarischen Rats. Dieser tagt ab September 1948 in Bonn, um die Verfassung für den neuen Staat auszuarbeiten. Endlich, am 8. Mai 1949, ist es soweit: Das Grundgesetz liegt vor und es kann abgestimmt werden. Nun wird es spannend. 53 Parlamentarier stimmen für das Grundgesetz, 12 sind dagegen, darunter die Abgeordneten der Kommunistischen Partei Deutschlands (KPD) und der Christlich-Sozialen Union (CSU). Am 24. Mai um 00:00 Uhr tritt das Gesetz in Kraft. Es gilt auch in Westberlin.

Regierungssitz der jungen Bundesrepublik in Bonn: Palais Schaumburg

Der neue deutsche Staat trägt den Namen Bundesrepublik Deutschland. Wie jeder Staat braucht die Bundesrepublik eine Hauptstadt, in der Parlament und Regierung tagen. Die alte Hauptstadt Berlin aber

enkel bringt das Waschmittel »Persil« wieder auf den Markt · **1950** Das »Tagebuch der Anne Frank« erscheint auf

liegt mitten in der sowjetischen Zone. Vier westdeutsche Städte bieten sich an: Stuttgart, Kassel, Frankfurt am Main und Bonn. Die Wahl fällt auf Bonn, vor allem weil die Gebäude der Stadt weitgehend von Bombenangriffen im Krieg verschont geblieben sind. Auf eine Nationalhymne können sich die Politiker jedoch nicht einigen. Erst 1952 setzt sich Adenauer mit der dritten Strophe des Deutschlandlieds von August Heinrich von Fallersleben durch, die bis heute Gültigkeit hat.

Ein zweiter deutscher Staat entsteht

Am 2. Mai 1945 bringt ein sowjetischer Lastwagen eine Gruppe von Deutschen unter der Führung von Walter Ulbricht (1893–1973) nach Ostberlin. Es sind Emigranten, die während des Kriegs in Moskau geschult wurden und nun den Aufbau eines neuen deutschen Staates vorbereiten sollen. In Berlin trifft die »Gruppe Ulbricht« mit anderen deutschen Politikern zusammen, etwa mit Wilhelm Pieck (1876–1960), dem späteren Präsidenten der DDR. Viele kennen sich noch aus der kommunistischen Parteiarbeit. Sofort machen sie sich an die Arbeit. Zunächst gründen sie die KPD neu und bauen mithilfe der Sowjets einen arbeitsfähigen Parteiapparat auf. Schnell setzten sie die ebenfalls wieder gegründete Sozialdemokratische Partei Deutschlands (SPD) unter Druck. Ihr Ziel ist eine Vereinigung mit dem Konkurrenten. Zukünftig soll es nur noch eine einzige, mächtige Partei geben. Auch hier spielen die Erfahrungen aus der Weimarer Republik eine Rolle. Damals war die Arbeiterbewegung in SPD und KPD gespalten und schwächte so den Widerstand gegen Adolf Hitler.

Händedruck: Symbol der neu gegründeten SED im Osten

Als das Vorhaben bekannt wird, entbrennt in der SPD ein heftiger Streit zwischen Befürwortern und Gegnern. Kurt Schumacher, zuständig für den Westen, ist entschieden dagegen. Auch Otto Grotewohl (1894–1964), verantwortlich für die SPD im Osten, lehnt die Vereinigung zunächst ab. Doch schließlich gibt er dem Druck der Sowjets nach. Die Westberliner Genossen stimmen zwar mit 82 % gegen den Zusammenschluss. Doch im Osten wird die Abstimmung der SPD-Mitglieder von den Sowjets verboten. So findet am 21. April 1946 die Vereinigung von KPD und SPD statt, erzwungener-

maßen. Im Admiralspalast in Ostberlin reichen sich Pieck (KPD) und Grotewohl (SPD) demonstrativ die Hände. Dieser symbolische Händedruck wird auch zum Emblem der neuen Partei, der Sozialistischen Einheitspartei Deutschlands (SED). Schon bald haben in dieser Partei ehemalige SPD-Mitglieder nichts mehr zu sagen. Mehr als 5000 von ihnen werden sogar inhaftiert, weil sie gegen den Zusammenschluss waren. Vorsitzende werden Pieck und Grotewohl, die gleich darauf mit Ulbricht und anderen eine Verfassung für eine »Demokratische Deutsche Republik« entwerfen. Da die Verfassung für ganz Deutschland gelten soll, will man die anderen Parteien und den Westen mit demokratischen Inhalten gewinnen. »Es muss demokratisch aussehen, aber wir müssen alles in der Hand haben«, erklärt Ulbricht einem Weggefährten. Zunächst werden also »allgemeine, gleiche, geheime und unmittelbare Wahlen« ebenso garantiert wie die Meinungs- und Pressefreiheit. Artikel 9 verspricht: »Jeder Bürger hat das Recht, sich an einem beliebigen Ort Deutschlands niederzulassen. Er ist berechtigt auszuwandern.« Doch mit jeder Überarbeitung wird der Entwurf mehr und mehr zur Verfassung eines sozialistischen Staates. Immer deutlicher zeichnet sich ab, dass die drei westlichen Zonen und die sowjetische Zone verschiedene Wege einschlagen, um Deutschland neu zu gestalten.

Als bekannt wird, dass die westlichen Siegermächte in ihren Zonen einen deutschen Staat gründen wollen, reagiert die SED sofort. Die Parteiführung ruft den Deutschen Volksrat ins Leben, der den Verfassungsentwurf ein weiteres Mal überarbeitet. Im März 1949 ist der Schriftsatz fertig. Er soll dem in Bonn tagenden Parlamentarischen Rat vorgelegt werden. Die Sozialisten spekulieren darüber, eine Kommission zu bilden, die aus beiden Entwürfen eine gesamtdeutsche Verfassung

Blick auf eine Volkskammerabstimmung im Palast der Republik in Ostberlin

»Es muss demokratisch aussehen.«

Wahlkampfplakate aus dem Jahr 1949

erarbeitet. Doch dieser Plan scheitert: Der Parlamentarische Rat lehnt ab. Er wertet die Initiative als Versuch der Sowjetunion, mithilfe der SED Einfluss auf ganz Deutschland zu nehmen.

Nach der Gründung der Bundesrepublik Deutschland beschließt die SED-Führung, ebenfalls einen Staat zu gründen. Josef Stalin (1887–1953) stimmt dem Vorhaben zu. Daraufhin richtet die SED die Provisorische Volkskammer ein. Sie verabschiedet am 7. Oktober 1949 die Verfassung der »Deutschen Demokratischen Republik«. Ostberlin wird Hauptstadt dieses zweiten deutschen Staates. Noch im selben Monat entsteht die Nationalhymne der DDR »Auferstanden aus Ruinen«. Ihr Text stammt von Johannes R. Becher, die Melodie von Hanns Eisler. In der ersten Strophe heißt es »Deutschland, einig Vaterland«. Auch im ersten Artikel der neuen Verfassung steht: »Deutschland ist eine unteilbare Republik«. Dennoch, der Grundstein für ein geteiltes Deutschland ist längst gelegt.

Bundesrepublik und DDR auf getrennten Wegen

Unmittelbar nach der Gründung der Bundesrepublik beginnt der Wahlkampf. Denn bislang hat der neue Staat keine demokratisch gewählte Regierung. Neben den großen Parteien, der SPD und der erst nach dem Krieg gegründeten CDU/CSU, treten die Freie Demokratische Partei (FDP), die KPD, die Deutsche Partei (DP), die Bayernpartei (BP) und weitere kleine Parteien an. Der Spitzenkandidat der CDU/CSU heißt Konrad Adenauer, ehemaliger Oberbürgermeister von Köln. Er sieht im Kommunismus den gefährlichsten Gegner und will Deutschland stark an den Westen binden. Die SPD setzt auf Kurt Schumacher, der als Gegner der Nationalsozialisten fast zehn Jahre in verschiedenen Konzentrationslagern inhaftiert war. Er ist gegen eine starke Bindung an den Westen, die seiner Meinung nach eine endgültige Teilung Deutschlands bedeuten würde. Am 14. August 1949 wird der erste deutsche Bundestag gewählt. Es ist eine freie und demokra-

Konrad Adenauer

tische Wahl. Die CDU/CSU wird mit 31 % stärkste Partei, gefolgt von der SPD mit 30 %. Weiteren acht Parteien gelingt der Einzug ins neue Parlament. Mit der Mehrheit von nur einer Stimme wird Adenauer zum ersten Bundeskanzler gewählt. Theodor Heuss von der FDP wird erster Bundespräsident.

Mehr als ein Jahr später, am 15. Oktober 1950, finden auch in der DDR Wahlen statt: Sie sind weder frei noch geheim noch demokratisch. Alle Kandidaten, auch die der CDU und anderer Parteien, stehen auf einer Einheitsliste, die die SED zusammengestellt hat. Die Wähler können nur mit Ja oder Nein stimmen. Zudem stehen nicht in allen Wahllokalen Wahlkabinen. Erfüllen die Wahlergebnisse in manchen Wahlbezirken nicht die Erwartungen der SED, werden sie gefälscht. Auf diese Weise erhalten die Kandidaten der Einheitsliste 99,7 %. Das gewählte Parlament, die Volkskammer, ist keine demokratische Einrichtung. Die Abgeordneten müssen so abstimmen, wie die SED es ihnen vorschreibt. Mächtigster Mann im neuen Staat wird Walter Ulbricht als Generalsekretär des Zentralkomitees der SED. Im Gegensatz zum Bundeskanzler kann er sein Land fast wie ein Alleinherrscher regieren. Die beiden deutschen Staaten schlagen so von der ersten Stunde an zwei verschiedene Wege ein.

Wahlen in der DDR: weder frei noch geheim noch demokratisch

KOMMENTAR

»Die Würde des Menschen ist unantastbar«

Die Würde des Menschen ist unantastbar – für mich einer der schönsten Sätze unserer Sprache. Ich bin keiner, der ständig aus dem Grundgesetz zitiert. Und genau wie die meisten nehme ich unsre demokratischen Rechte ziemlich selbstverständlich hin. Aber wisst ihr was? Man muss dieses Grundgesetz, wenigstens die ersten 20 Artikel, einfach mal nachlesen. Da stehen viele solcher wunderbaren Sätze. In klaren schnörkellosen Worten garantieren sie, wofür Generationen gekämpft haben: die Meinungsfreiheit etwa oder die Gleichberechtigung. Wer da nur gelangweilt die Achseln zuckt, der soll so viel Desinteresse mal einem Nordkoreaner erklären oder einer jungen Afghanin. Deutschland ist nicht perfekt, aber es macht den ernsthaften Versuch, die schönen Sätze auch wahr sein zu lassen.

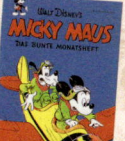

DR werden die Arbeitsämter abgeschafft · **29.8.1951** Das erste Micky-Maus-Heft erscheint in Westdeutschland

»Berliner kommt und reiht euch ein, wir wollen keine Sklaven sein!«

17. Juni 1953 · Ostberlin
Ein Volksaufstand und seine Niederschlagung

Steine gegen Panzer

Eine aufgebrachte Menschenmenge fordert in Sprechchören: »Freie Wahlen!« Ein Arbeiter ruft mit einem erbeuteten Megaphon zum Generalstreik auf. Aus der Ferne sind Schüsse zu hören. An der nächsten Straßenecke werden zwei Polizisten von Demonstranten entwaffnet. Von allen Seiten drängen Menschen auf die Straßen Ostberlins und schließen sich dem Aufstand an. Insgesamt sind es rund 90 000, die hier gegen die Staatsführung und die Staatspartei SED protestieren, deren allgegenwärtige Macht von einem Tag auf den anderen gebrochen zu sein scheint. In vielen Gesichtern spiegelt sich die Hoffnung auf ein besseres Leben und einen anderen Staat wider. Manche Menschen weinen, andere jubeln.

Plötzlich dröhnt Motorenlärm durch die Stalinallee. Am Frankfurter Tor tauchen sowjetische T-34-Panzer auf, gefolgt von Militärlastwagen mit Infanteriesoldaten. Die Sprechchöre verstummen, die Menschen weichen zurück. Einige Demonstranten brechen Steine aus dem Pflaster und werfen sie gegen die Panzer. Dort hinterlassen sie nicht einmal Schrammen. Auch durch andere Straßen Ostberlins rollen nun Panzer, insgesamt sind es etwa 600. An jeder Straßenkreuzung, auf jedem Platz beziehen sie Stellung und drängen die Menschenmenge zurück. Doch schon fordern die Demonstranten an anderer Stelle erneut freie Wahlen und attackieren die Soldaten mit Schimpfparolen und Steinen. Am Nachmittag steckt eine wütende Menge das Columbushaus am Potsdamer Platz in Brand, in dem sich ein Kaufhaus und eine Polizeiwache befinden. Erst am Abend gelingt es den 20 000 eingerückten sowjetischen Soldaten und weiteren 15 000 Angehörigen der Kasernierten Volkspolizei, die Aufständischen endgültig von den Straßen zu drängen. Die sowjetische Besatzungsmacht verhängt den Ausnahmezustand und übernimmt die Regierungsgewalt. Ab 21 Uhr gilt eine Ausgangssperre. Unzählige Militär- und Polizeistreifen patrouillieren durch Ostberlin und verhaften mehr als 1000 Menschen. Über Nacht ist Ostberlin wie ausgestorben.

Walter Ulbricht

24.6.1952 Die erste Ausgabe der Bild-Zeitung erscheint · **16.11.1952** Die ersten in der DDR gebauten Fernseh

»Freie Wahlen«: nur eine
der Forderungen der
Aufständischen des 17. Juni

Wer hat den Aufstand angezettelt?

Diese Frage stellen sich nicht nur Otto Grotewohl (1894–1964), Ministerpräsident der DDR, und Walter Ulbricht (1893–1973), Staatsrats-
vorsitzender der DDR, sondern viele Menschen in Ost und West. Ein
so großer Aufstand muss doch umfassend vorbereitet worden sein und
einflussreiche Anführer haben! Wie sonst lässt sich erklären, dass er
gleichzeitig Ostberlin, Gera, Leipzig, Potsdam, Dresden, Magdeburg
und andere Städte erfasst. In Halle gehen mehr als 90 000 Menschen
auf die Straße. Sie besetzen Polizeistationen und SED-Büros und stürmen Gefängnisse für politische Gefangene. Fast jeder größere Staats-
betrieb der DDR wird bestreikt. Mindestens eine halbe Million Menschen beteiligt sich an den Protestaktionen. Sie legen den Staat mehr
oder weniger lahm.

**Eine halbe Million
Menschen beteiligt sich
an den Protestaktionen.**

Die Polizei ist völlig überrascht und hat keine Chance, die Aufständischen aufzuhalten. Ohne das massive Eingreifen der sowjetischen
Besatzungsmacht hätte der Aufstand zu einer Revolution werden können, die den sozialistischen Staat in Ostdeutschland wahrscheinlich
gestürzt hätte. Doch die Suche nach einer Geheimorganisation oder
namhaften Anführern ist sinnlos. Der Aufstand vom 17. Juni 1953 ist

31

Ein Propagandaplakat preist die Sowjetunion als Vorbild.

ein ungeplantes Aufbegehren großer Teile der DDR-Bevölkerung gegen offensichtliche Missstände im Land. Innerhalb weniger Tage entlädt sich eine lang aufgestaute Unzufriedenheit über die schlechten Lebens- und Arbeitsbedingungen, die nicht nur die ersten Jahre des jungen ostdeutschen Staates prägen. Denn der Blick in den Westen zeigt klar: In der Bundesrepublik Deutschland funktioniert die Versorgung mit Lebensmitteln bereits wieder gut und die Kaufkraft der D-Mark ist hoch. Die DDR-Bürger aber stehen immer noch vor den Geschäften Schlange. Für Grundnahrungsmittel sind weiterhin Lebensmittelkarten erforderlich wie zu Kriegszeiten. Vor allem Butter, Fleisch, Obst und Gemüse sind Mangelware. Schokolade, Schuhe oder Mäntel sogar Luxusartikel. Noch dazu wird abends regelmäßig der Strom abgeschaltet, da die wenigen Kraftwerke nicht ausreichen und vorrangig die großen Industriebetriebe beliefern. Die Familien sitzen bei Kerzenlicht zu Hause.

Warum aber ist es um die Versorgung mit Lebensmitteln und Konsumgütern aller Art in der DDR so schlecht bestellt? Die Gründe liegen in der Umstellung der bisherigen Privatwirtschaft auf die sozialistische Planwirtschaft, die letztlich nicht funktioniert: Alle Betriebe und Geschäfte sollen nicht von privaten Unternehmern geleitet werden, sondern vom Staat, der zugleich festlegt, welche und wie viele Waren hergestellt und verkauft werden. Um diese Umgestaltung voranzutreiben, fordert Walter Ulbricht zu Beginn der 1950er-Jahre einen raschen »planmäßigen Aufbau des Sozialismus« nach sowjetischem Vorbild. Rücksichtslos verschärft er die Existenzbedingungen der kleinen privaten Handwerks- und Dienstleistungsbetriebe.

Wer jetzt noch eine Schreinerei, ein Café oder einen Lebensmittelladen besitzt, muss höhere Abgaben an den Staat zahlen und die staatlichen Auflagen und Vorgaben genauestens erfüllen. Anderenfalls drohen harte Strafen oder die Enteignung. Wenig später werden zudem die dringend notwendigen Kredite für Investitionen gekündigt. »Was soll ich mich hier noch abmühen«, denken viele Selbstständige und Kleinunternehmer, geben ihre Betriebe auf und siedeln in die Bundesrepublik über. Das Angebot an Waren sinkt dadurch drastisch. Die Menschen im Land bekommen das Tag für Tag unmittelbar zu spüren. Auch der Druck auf die landwirtschaftlichen Betriebe steigt. Wer nicht genügend Milch oder Getreide abliefert, muss Geldstrafen zahlen oder

wird inhaftiert. Viele Bauern geben ihre Höfe auf oder werden gezwungen, sich einer Landwirtschaftlichen Produktionsgenossenschaft (LPG) anzuschließen. Auf diese Weise sollen aus vielen kleinen Privatbetrieben große, einfach zu verwaltende und ertragreichere Betriebe entstehen. Die Zahl der LPGs verdreifacht sich bis Mai 1953, trotzdem werden erstaunlicherweise immer weniger landwirtschaftliche Produkte erzeugt. Die Gründe liegen wieder im System: Zum einen ist die Motivation der Bauern auf dem Nullpunkt, da sie durch die Verstaatlichung ihr gesamtes Eigentum verloren haben. Zum anderen sind die Leiter der Großbetriebe meist Parteifunktionäre, die jedoch kaum über landwirtschaftliche oder betriebswirtschaftliche Erfahrung verfügen. Meistens arbeiten in den LPGs auch Menschen aus vollkommen anderen Berufen. Die neu gebildeten großflächigen Felder können nur mit geeigneten Landmaschinen bearbeitet werden. Aber die wiederum fehlen fast überall. Am Ende steigen sogar die Preise für die ohnehin so knappen Lebensmittel.

Typischer DDR-Alltag, nicht nur in den 1950er-Jahren: Schlange stehen

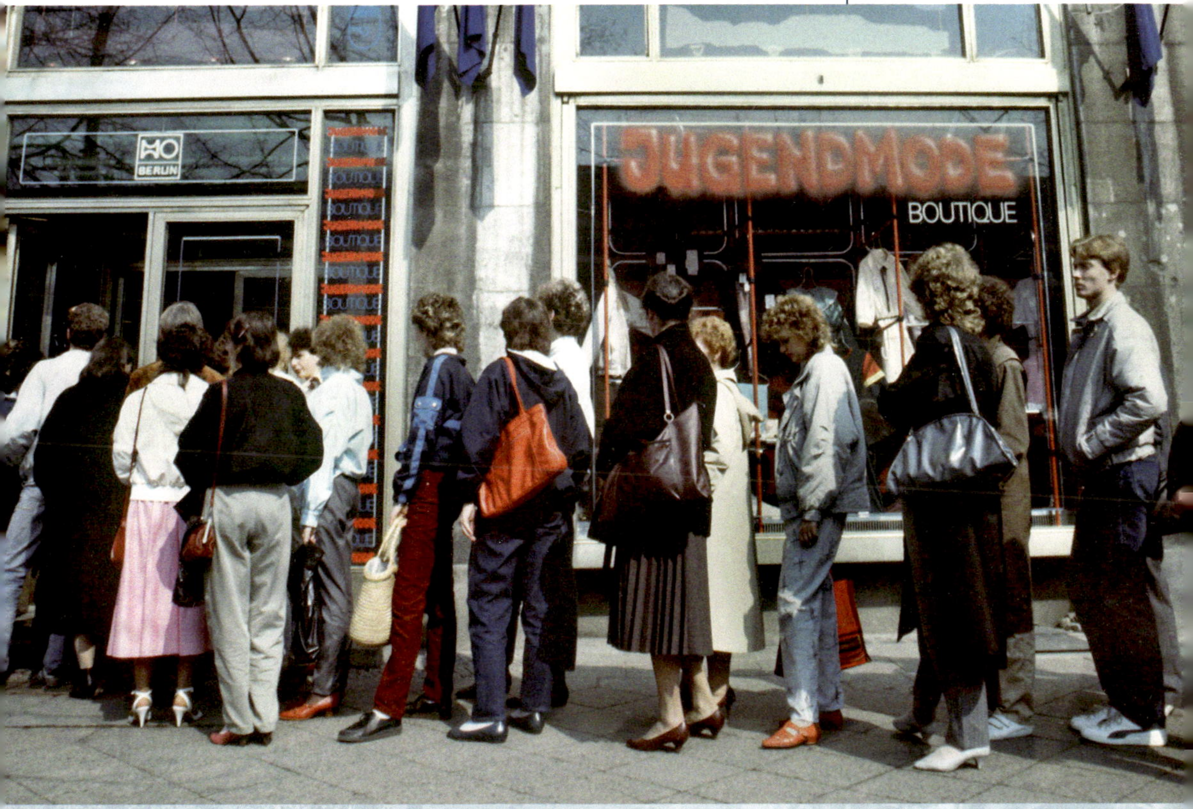

Planwirtschaft unter Druck

Auch von einer anderen Seite gerät die Wirtschaft der DDR unter Druck: Josef Stalin (1878–1953), der sowjetische Diktator, fordert den »Aufbau nationaler Streitkräfte«. Das ehrgeizige Rüstungsprogramm ist kaum bezahlbar. Allein 1952 gibt die DDR mehr als zwei Milliarden Mark für neue Panzer und Kasernen aus. Der dafür dringend notwendige Aufbau einer Schwerindustrie – Bergbau, Eisen, Stahl – verschlingt ebenfalls gewaltige Summen. Außerdem muss die DDR noch umfangreiche Reparationen zur Wiedergutmachung von Kriegsschäden an die Sowjetunion liefern. Hier sind vor allem Industriegüter gefordert, die das Land doch selbst kaum entbehren kann. Also wird gespart, und zwar an dem, was die Menschen am dringendsten brauchen: Essen, Kleidung und staatliche Hilfe bei Versorgung in Notfällen. Daraufhin kehren immer mehr Menschen der DDR den Rücken, darunter viele Facharbeiter, Ingenieure und Experten. Im Jahr 1952 sind es 182 393 regis-

Es wird gespart, an dem was die Menschen am dringendsten brauchen

Steffen Seibert fragt:

PROF. DR. ANDREAS WIRSCHING
Lehrstuhl für Neuere und Neueste Geschichte,
Universität Augsburg

»Warum zogen Arbeiter und Gewerkschaft nicht an einem Strang?«

Prof. Wirsching, wie erklären Sie es sich, dass der FDGB, der Gewerkschaftsbund der DDR, die Interessen der Arbeiter nicht vertreten hat. Das war doch seine Aufgabe?
Die Interessen der Arbeiter vertrat der FDGB nur auf dem Papier. In erster Linie hatte er die Aufgabe, das kommunistische Regime gesellschaftlich abzusichern. Ein tariflicher Konflikt zwischen gewerkschaftlich organisierten Arbeitern und ihrem „Arbeitgeber", das heißt also den Volkseigenen Betrieben, war keine tatsächliche Möglichkeit. Auch die Löhne wurden von oben diktiert.

Welche Rolle spielte der FDGB eigentlich in der jungen DDR?
Er unterstand der SED-Führung, war zentralistisch verfasst und blieb finanziell abhängig.

Innergewerkschaftliche freie Wahlen fanden nicht statt. Wie andere „Massenorganisationen" der DDR auch sollte er in die Gesellschaft hineinwirken und die ideologische Kontrolle der SED an der Basis sichern.

Wie erfolgreich war der FDGB denn in späteren Jahren der DDR?
Zwar schlossen sich im Verlauf der DDR-Geschichte viele Arbeiter dem FDGB an. Einen echten Vertrauensbeweis bedeutete dies jedoch nicht. Auch nach dem Mauerfall brachte der FDGB keine Reform aus eigener Kraft zustande. Themen wie betriebliche Mitbestimmung und andere blieben den ostdeutschen Gewerkschaftern fremd. An seine Stelle trat daher bald der westdeutsche DGB mit seinen Einzelgewerkschaften.

trierte Flüchtlinge, obwohl die innerdeutsche Grenze im Mai abgeriegelt und eine Flucht somit erschwert wird. Die von der SED angeordneten Maßnahmen reichen jedoch nicht aus, um den Haushalt zu entlasten. Letztlich wird der Entschluss gefasst, die Sowjetunion um Hilfe zu bitten. Sie erlässt der DDR einen Teil der Reparationen. Darüber hinaus beschließt die SED am 14. Mai 1953, »die für die Produktion entscheidenden Arbeitsnormen um durchschnittlich mindestens zehn Prozent« zu erhöhen. Die Arbeiter sollen also für den gleichen Lohn mehr Produkte herstellen und länger arbeiten. Die staatlich kontrollierten Zeitungen preisen diese Maßnahme als wichtig für den Aufbau des Sozialismus an. Die betroffenen Arbeiter sehen darin nur eine verdeckte Kürzung ihres geringen Lohns, für den sie ohnehin kaum noch etwas kaufen können. Erst im April sind die Preise für viele Produkte um bis zu 50 Prozent angehoben worden. Verbilligte Straßenbahn- oder Busfahrkarten für Arbeiter wurden einfach abgeschafft.

Unmut macht sich breit. Auf etlichen Baustellen, vor allem in Berlin, diskutieren die Arbeiter den Beschluss, anstatt zu arbeiten. In einigen Betrieben kommt es sogar zu kurzfristigen Arbeitsniederlegungen. Die Stimmung im Land verschlechtert sich spürbar. Das registriert auch der sowjetische Geheimdienst und berichtet der DDR-Führung Anfang Juni über eine »ernste Unzufriedenheit unter den breiten Massen der Bevölkerung«. Die Besatzungsmacht sieht sogar eine Gefahr für den Staat und drängt die SED zu einer Änderung ihrer Politik. Am 11. Juni wird der »Neue Kurs« in der Presse bekannt gegeben. Einige Preis- und Steuererhöhungen sowie Zwangsmaßnahmen gegen Selbstständige, Handwerker und Kleinbauern werden wieder zurückgenommen. Auch die Verfolgung von jungen Christen und von Regimekritikern wird aufgehoben. Die Erhöhung der Arbeitsnormen für die Arbeiter des Landes aber bleibt bestehen.

Orden des DDR-Ehrentitels »Held der Arbeit«

»Nieder mit der SED!«

Als in der Gewerkschaftszeitung »Tribüne« Otto Lehmann, der als Vorsitzender des Freien Deutschen Gewerkschaftsbundes (FDGB) die Interessen der Arbeiter vertreten soll, auch noch behauptet: »Die Beschlüsse über die Erhöhung der Normen sind in vollem Umfang

richtig«, ist für viele Arbeiter das Maß voll. Die Bauarbeiter der Groß-
baustelle in der Ostberliner Stalinallee, in der Prachtbauten für besonders staatstreue Arbeiter entstehen, legen am Morgen des 16. Juni ihre
Arbeit nieder und gehen auf die Straße. Arbeiter anderer Baustellen
schließen sich spontan dem Protestmarsch an. In
der Leipziger Straße, wo sich wichtige Regierungs-
gebäude befinden, fordern sie lautstark die Rück-
nahme der Normerhöhung. Tatsächlich beugt sich
die SED dem Druck der mehr als 2000 Demonstranten und nimmt die Erhöhung zurück. Doch
es ist bereits zu spät. Parolen mit politischen Forderungen hallen durch die Straßen Ostberlins:
»Nieder mit der SED!«, »Nieder mit den Sowjets!
Wir brauchen keine Steuerschlucker, wir brau-
chen Butter!«. Bis spät in die Nacht sind kleine Gruppen von Demonstranten in Ostberlin unterwegs. Der amerikanische Radiosender RIAS
in Westberlin berichtet über die Aktionen und Forderungen der Arbeiter, die somit in ganz Deutschland bekannt werden.

Noch in derselben Nacht berät die SED-Führung unter Ulbricht und
Grotewohl mit der sowjetischen Führungsspitze mögliche Gegenmaß-
nahmen. Nach wie vor glaubt Ulbricht nur an kleine Protestaktionen in
Berlin. Als am nächsten Morgen aus dem ganzen Land Meldungen über
Demonstrationen eintreffen, fürchtet er um seine Macht im Land. Doch
dann gelingt es den sowjetischen Soldaten, den Aufstand innerhalb von
zwei Tagen niederzuschlagen. Insgesamt verlieren mindestens 55 Menschen im Zuge der Proteste ihr Leben. Angebliche Anführer werden zur
Abschreckung innerhalb weniger Stunden zum Tode verurteilt und erschossen. Mehr als 6000 Menschen werden festgenommen und teil-
weise zu langjährigen Haftstrafen verurteilt. Ein Großteil der Bevölkerung gibt auf und kehrt an die Arbeitsplätze zurück. Die westlichen
Siegermächte halten sich zurück. Die Verantwortlichen in den USA,
Frankreich und England befürchten: Ein Eingreifen könnte den Dritten Weltkrieg auslösen. Bundesdeutsche Politiker wie der regierende
Bürgermeister von Westberlin, Ernst Reuter (1889–1953), können die
Bürger der DDR nur durch Reden unterstützen. In vielen westdeutschen Städten finden Solidaritätskundgebungen statt.

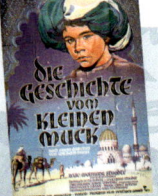

Die SED-Führung findet schnell eine Erklärung. Sie macht »Provokateure und faschistische Agenten ausländischer Mächte und ihrer Helfershelfer aus deutschen kapitalistischen Monopolen« für den Aufstand verantwortlich. Sie hätten die Arbeiter der DDR verführt. Als Reaktion auf die Proteste werden verschiedene Maßnahmen durchgesetzt: Die Produktion von Lebensmitteln wird langsam erhöht und so manche Preiserhöhung zurückgenommen. Andererseits beginnt die Staatssicherheit mit dem Aufbau eines Spitzelsystems, das die Stimmung im Land auskundschaften soll. Der Polizeiapparat wird umgestaltet. In Zukunft soll jedes Aufbegehren im Keim erstickt werden. Viele Menschen fügen sich gezwungenermaßen diesen Bedingungen oder vertrauen den Versprechen der SED. Andere entscheiden sich für die Flucht. Bis Ende des Jahres 1953 verlassen 331 390 Bürger die DDR. Erst der Bau der Mauer 1961 kann die Massenflucht aus einem Staat beenden, der sich ohne sowjetische Panzer nicht lange hätte halten können.

> »Provokateure aus kapitalistischen Monopolen«

KOMMENTAR

»Wäre es nicht einfacher, die Regierung löste das Volk auf und wählte ein anderes?«

Wer wie ich im Westen aufgewachsen ist, der kannte den 17. Juni über viele Jahre als Tag der Deutschen Einheit, und an deren tatsächliche Wiederherstellung haben die wenigsten geglaubt. Wenn ich ehrlich bin, sind die alljährlichen Festreden ganz schön an mir und meinen Freunden vorbeigerauscht. Heute muss ich zugeben, das war ignorant, ich hätte mich besser früher informiert. Dann hätte ich eher begriffen, dass dieser 17. Juni für die Freiheit steht und den Mut, für sie zu kämpfen. Die Arbeiter der Stalinallee hatten begriffen, dass der »Arbeiter- und Bauernstaat« ihnen nur neue Ketten anlegen wollte. Da waren sie klüger als viele Intellektuelle. Der DDR-Schriftstellerverband ließ damals allen Ernstes verbreiten, die Bevölkerung habe das Vertrauen der Regierung verspielt. Eine so absurde Verdrehung, dass Bertold Brecht noch einen draufsetzte. Er riet, dann solle die Regierung doch das Volk auflösen und sich ein neues wählen.

»Rahn schießt! Toooor! Toooor! Toooor! Toooor!«

Deutschland wird Fußballweltmeister

Finale!

Es regnet in Strömen. Doch die Deutschen geben alles. Sonst hätten sie auch keine Chance, denn die Ungarn sind spielerisch überlegen. Trotzdem kann die deutsche Nationalmannschaft den frühen Rückstand aufholen und zum 2:2 ausgleichen. Doch im Moment sieht es nicht gut aus. Wieder hat es ein ungarischer Spieler geschafft, die deutsche Abwehr zu überwinden. Einige der 65 000 Zuschauer im Berner Wankdorf-Stadion springen auf. Der ungarische Stürmer schießt aus gut zehn Metern. Er hat den Ball perfekt erwischt. Das könnte der Siegestreffer sein. Doch Toni Turek (1919–1984), der Torwart von Fortuna Düsseldorf, hechtet dem Ball entgegen und reißt ihn an sich. Erleichtert fallen die Zuschauer zurück in ihre nassen Sitze. Es bleibt beim 2:2. Vorerst. Kaum jemand rechnet mit einem deutschen Sieg. Die FIFA ist sogar so fest von einem ungarischen Erfolg überzeugt, dass sie ihre Trophäen, goldene Schweizer Uhren, bereits an die ungarischen Spieler übergeben hat. Seit mehr als vier Jahren haben sie kein Spiel mehr verloren. Sie sind der klare Favorit.

Das wissen auch die unzähligen Zuhörer, die in der Bundesrepublik und in der DDR gebannt vor ihren Radiogeräten sitzen. Viel lieber würden sie das Spiel natürlich am Bildschirm verfolgen. Doch Anfang des Jahres 1954 sind bei der Bundespost im Westen erst 11 685 Fernsehgeräte registriert. Nur Spitzenverdiener haben einen eigenen Bildschirm. Und kurz nach Bern ins Fußballstadion zu fahren, ist auch nicht möglich. Zwar sind in der Bundesrepublik rund vier Millionen Autos zugelassen, doch werden die meisten rein beruflich genutzt. Die wenigen Privat-Pkw sind vor allem Kleinwagen wie der Lloyd LP 300 mit 10 PS. Der sogenannte »Leukoplastbomber« mit einer Karosserie aus Sperrholz und Kunststoff erreicht eine Spitzengeschwindigkeit von 70 km/h. Mit einem solchen Auto in die Schweiz zu fahren, wäre ein riskantes

Seltener Luxus: mit dem eigenen Auto zum Endspiel nach Bern

Abenteuer. Trotzdem haben es rund 30 000 deutsche Schlachtenbummler ins Stadion nach Bern geschafft. Fast alle mit der Bahn. Der Normalbürger aber sitzt mit seinen Freunden und Nachbarn vor einem großen, klobigen Radiogerät von Saba oder Nordmende. Wieder andere haben das Glück und ergattern einen Platz in der Kneipe, in der tatsächlich ein Fernsehgerät läuft. Die Straßen sind menschenleer am 4. Juli 1954. Auch in der DDR. Dort lobt der staatliche Rundfunk die Fußballer des sozialistischen Bruderstaates Ungarn seit dem ersten Tag der Weltmeisterschaft in höchsten Tönen und feiert sie bereits als Sieger. Über die Mannschaft des westdeutschen »Klassenfeindes« wird dagegen nichts Positives berichtet. Die meisten DDR-Bürger jubeln dennoch für die deutsche Elf. Der Sportreporter des NWDR Herbert Zimmermann (1917–1966) berichtet live aus Bern. Es sind noch sechs Minuten zu spielen. Wieder sind die Ungarn im Ballbesitz, doch sie verlieren den Ball und die deutsche Mann-

Gebannt verfolgen die Menschen vor dem Radio das Finale der Fußball-WM.

KOMMENTAR

Fußball und Nationalgefühl: »Da hat sich vieles entkrampft«

D as Jahr 1954 ist selbst für mich ein bisschen lange her. Ich glaube, man muss den Krieg, die kargen Jahre danach erlebt haben, um das Glück zu verstehen, das diese Burschen übers Land gebracht haben. Beim nächsten WM-Titel 1974 war ich voll dabei. Als Quertreiber. Zum Ärger meines Vaters habe ich im Finale für die Niederlande geschrien. Als der Sieg feststand, waren wir uns wieder einig, aber ich kann mich an niemanden erinnern, der eine schwarz-rot-goldene Fahne geschwenkt hätte, auch Deutschland-Deutschland-Rufe wären in meiner Umgebung zumindest undenkbar gewesen. Tat man einfach nicht. 2006 und 2008 habe ich mir zur WM und EM selbst die Seele aus dem Leib gebrüllt, auch unsere schöne Hymne bereitet mir heute Freude, keine Magenschmerzen mehr. Da hat sich vieles entkrampft. Trotzdem bin ich froh, dass wir Deutschen uns dafür ein paar Jahrzehnte Zeit genommen haben.

41

Das Fernsehen berichtet vom Wunder von Bern (Filmszene).

»**Deutschland ist Weltmeister!**«

schaft startet zum Gegenangriff: »... Schäfer nach innen geflankt – Kopfball – abgewehrt – aus dem Hintergrund müsste Rahn schießen – Rahn schießt! Tooooor! Tooooor! Tooooor! Tooooor!« Deutschlandweit bricht Jubel aus: in Köln oder Dortmund ebenso wie in Leipzig oder Ostberlin. Die Zuhörer und Zuschauer können es kaum glauben. In der Vorrunde hatte Deutschland noch 3:8 gegen Ungarn verloren. Allerdings mit einer anderen Mannschaft. Der Trainer Sepp Herberger (1897–1977) hatte bewusst seine besten Spieler geschont. Fritz Walter (1920–2002), Max Morlock (1925–1994) und Helmut Rahn (1929–2003), sie sind die Stars der Nationalmannschaft. Und sie spielen in Bern das Spiel ihres Lebens. Noch einmal starten die Ungarn einen gefährlichen Angriff auf das deutsche Tor. Noch einmal halten die deutschen Fans die Luft an. Doch der englische Schiedsrichter pfeift Abseits. Dann ertönt endlich der Schlusspfiff und das Wunder von Bern ist perfekt: »Aus! Aus! Aus! Aus! Das Spiel ist aus! Deutschland ist Weltmeister, schlägt Ungarn mit drei zu zwei Toren im Finale in Bern!«

Ein neues Selbstwertgefühl

Fußballweltmeister? Damit hatte in Deutschland niemand gerechnet. Umso größer ist die Freude. In den Kneipen fliegen die Kronkorken, in den Villen die Sektkorken. Fenster werden aufgerissen, Nachbarn

42

umarmt, Namen von Fußballern gerufen. Zwei haben es den Begeisterten besonders angetan: Turek, der Torwart, und Rahn, der das zweite Tor und den Siegestreffer erzielt hat. Dann kommt die Siegerehrung. Mannschaftskapitän Fritz Walter nimmt den Pokal entgegen. Im Stadion erklingt die deutsche Nationalhymne. Die deutschen Fans und die Schweizer kennen nur die erste Strophe. Dabei hat Bundeskanzler Konrad Adenauer (1876–1967) bereits vor zwei Jahren entschieden, dass fortan die dritte Strophe als Nationalhymne gilt. Egal, Hauptsache die Hymne erklingt. Die Stimmung im Stadion ist feierlich, die Menschen vor den Radios und Fernsehern sind ergriffen. Deutsche Sportler werden für ihre Leistung geehrt und weltweit respektiert. Und das neun Jahre nach dem Ende des Zweiten Weltkriegs, den Deutschland angezettelt hat. Nach so langer Zeit gibt es für die Deutschen endlich einmal wieder einen Grund zur Freude. Nur den Bürgern in der DDR wird vorübergehend der Siegestaumel verwehrt, sofern sie nicht »Westradio« empfangen können. Der staatliche Rundfunk blendet sich nach dem unerwarteten Tor von Rahn aus und sendet kommentarlos Unterhaltungsmusik. Der Sieg des Klassenfeindes war nicht vorgesehen. Doch das Ergebnis spricht sich schnell herum. Am Ende feiern auch die Ostdeutschen den glücklichen Weltmeister.

> **Der Sieg des Klassenfeindes war nicht vorgesehen.**

Das siegreiche Finale in Bern ist nicht der einzige sportliche Erfolg dieses Jahres. Am 4. Juli gehen beim Großen Preis von Frankreich in Reims erstmals wieder die legendären Silberpfeile von Mercedes an den Start. Die Rennwagen sind Neuentwicklungen: Mit ihrer stromlinienförmigen, geschlossenen Karosserie wirken sie wie Autos aus der Zukunft. Neben deutschen Rennfahrern hat Mercedes den Argentinier Juan Manuel Fangio (1911–1995) engagiert. Mühelos gewinnt der Formel-1-Weltmeister von 1951 den Großen Preis. Auf Platz zwei landet sein Teamkollege Karl Kling (1910–2003). Die Konkurrenz von Ferrari und Maserati ist geschockt, die deutschen Fans sind begeistert. Viele erinnern sich noch an die großen Triumphe der Silberpfeile in den 1930er-Jahren. Doch nach dem Zweiten Weltkrieg ist alles anders. Mit dem verlorenen Krieg und den NS-Verbrechen blieb nicht

Zweiter Triumph 1954: die ruhmreichen Silberpfeile von Mercedes

43

ısgabe des DDR-Satiremagazins »Eulenspiegel« · **5.8.1954** Ab sofort dürfen DDR-Bürger jährlich nur noch zwölf

viel übrig vom nationalen Selbstwertgefühl. Viele Deutsche sehen sich als Besiegte und nicht als Befreite. Sie fühlen sich als Verlierer der Geschichte – ein Verlierer, der nicht einmal mehr einen Nationalstaat hat. Von den Olympischen Spielen im Jahr 1948 in London blieb Deutschland ausgeschlossen. In Helsinki 1952 waren die Deutschen zwar dabei, landeten aber ohne Goldmedaille abgeschlagen auf Platz 28. Doch nun siegen die Silberpfeile wieder, und man ist respektierter Fußballweltmeister. Nicht nur die Sportinteressierten verstehen diese beiden Erfolge als ein erlösendes Zeichen.

Erst jetzt wird vielen Bürgern bewusst, dass die schlechten Zeiten allmählich vorbei sind. Sie erkennen die ungeheuren Chancen, die ihnen die vor fünf Jahren gegründete Bundesrepublik bietet. Auch viele Menschen in der DDR erhoffen sich im Westen eine bessere Zukunft als im Osten.

Der Aufschwung im Westen holt DDR-Flüchtlinge ins Land.

So gelingt im Laufe des Jahres trotz verschärfter Maßnahmen der ostdeutschen Sicherheitsorgane 184 198 DDR-Bürgern die Flucht in die Bundesrepublik. Dort werden sie aber nicht nur mit offenen Armen empfangen, denn noch immer suchen 2,7 Millionen Menschen eine Wohnung. Zwar werden 1954 rund 571 500 neue Wohnungen gebaut, doch die reichen nicht aus, um Ausgebombte, Flüchtlinge und Vertriebene unterzubringen. Mehr als 700 000 Menschen leben in Baracken, die den Winter über kaum zu heizen sind. Maurer sind gesucht wie nie. Ähnlich sieht es bei Ingenieuren und Metallarbeitern aus. Die Zahl der Arbeitslosen sinkt rapide. Gewerkschaften und Arbeitgeber sprechen bereits von einem Facharbeitermangel. Und das trotz eines anhaltenden Flüchtlingsstroms und heimkehrender Kriegsgefangener. Neben der starken D-Mark und einer steigenden Binnennachfrage ist vor allem der Export von Autos und Maschinen zum Motor der bundesdeutschen Wirtschaft geworden. »Made in Germany« ist in den USA oder in Großbritannien längst wieder ein Zeichen für zuverlässige Qualität.

Flucht vor der Vergangenheit

Nicht nur der Sport und die anziehende Konjunktur lenken den Blick der Menschen verstärkt nach vorne. Filme sowie das Fernsehen sollen helfen, die Vergangenheit und die Schattenseiten des Alltags in den

Ein Fernsehabend in den 1950er-Jahren

Hintergrund zu drängen. Anfang des Jahres 1955 sind bereits knapp 90 000 Fernsehgeräte in der Bundesrepublik angemeldet. In der DDR sind es zwar deutlich weniger, aber auch im Osten gewinnt das neue Medium allmählich an Bedeutung. Die Abendnachrichten werden deutschlandweit zur wichtigsten Sendung des Tages: die »Aktuelle Kamera« im DDR-Fernsehen und die »Tagesschau« in der Bundesrepublik. Zum ersten Mal startet nun auch eine deutsche Fernsehserie: »Unsere Nachbarn heute abend: Familie Schölermann«. Die ersten Folgen werden nicht aufgezeichnet, wie heute allgemein üblich. Statt dessen spielen die Schauspieler live wie auf einer Theaterbühne. Um die Einschaltquote braucht sich die 1950 gegründete ARD keine Sorgen zu machen. Denn 13 Jahre lang, bis zum Sendebeginn des ZDF, gibt es nur einen einzigen Fernsehsender in der Bundesrepublik. Einschaltquoten von bis zu 90 % sind alltäglich.

Die Fußballweltmeisterschaft, die Tagesschau und Familie Schölermann sorgen für einen Fernsehboom. Jeder, der etwas Geld gespart hat, stellt sich einen Fernseher ins Wohnzimmer. Viele Geräte sehen ungewöhnlich aus, sie ähneln Schränken und haben sogar Türen, hinter denen man tagsüber die Mattscheibe verschwinden lassen kann.

»Unsere Nachbarn heute abend: Familie Schölermann«

45

Wenn in den Wohnzimmern der 1950er-Jahre auf dem Nierentisch Salzstangen und Bowle bereitstehen und die Tütenlampen den Raum in ein warmes Licht tauchen, kann der Fernsehabend beginnen: mit Familie Schölermann um 20 Uhr. Eine Durchschnittsfamilie, die man in ihrem Wohnzimmer beobachten kann. Vater Mathias ist Angestellter und Familienvorstand. Mutter Trude ist Hausfrau. Eine Szenerie wie sie vor dem Krieg üblich war. Die Realität der Kriegsjahre scheint vergessen, als Frauen mehr als zehn Jahre lang die Arbeit der Männer erledigt haben: Sie haben die Trümmer weggeräumt, die Familien versorgt und Betriebe geleitet. Diese Erfahrungen und das dadurch gewonnene Selbstbewusstsein hätte eine Chance für die Frauen sein können, um sich zu emanzipieren. Doch nach der Rückkehr der Männer aus dem Krieg und mit dem Beginn des Wirtschaftswunders wird die alte Rollenverteilung wiederhergestellt. Familie Schölermann ist ein Spiegel dieser Entwicklung. In der DDR dagegen wird von Anfang an das Ziel der Gleichstellung von Mann und Frau verfolgt. Wenn auch stets im Sinne des Sozialismus, so wird es ostdeutschen Frauen dennoch ermöglicht, Familie und Beruf besser miteinander zu vereinbaren.

Die alte Rollenverteilung wird wiederhergestellt.

Neue Helden braucht das Land

Im Kino lassen sich die Bürger der Bundesrepublik von Romy Schneider (1938–1982) als Kaiserin Sissi in eine intakte Scheinwelt entführen.

Romy Schneider als Kaiserin Sissi

Es ist eine Welt ohne zerbombte Städte, ohne die braunen Schatten der Nazivergangenheit. Gezeigt werden ehrliche, anständige Herrscher, die als Vorbilder dienen. Auch Heimatfilme wie »Grün ist die Heide« (1951) oder »Der Förster vom Silberwald« (1954) sind beim Publikum ausgesprochen beliebt. Sie zeigen eine idyllische Heimat, die im Alltag nicht zu finden ist. Gedreht werden diese Filme nicht selten von jenen Regisseuren, die bereits im Dritten Reich die Menschen mit Illusionen versorgten, etwa Wolfgang Liebeneiner (1905–1978) oder Hans Deppe (1897–1969). Wagt es doch einmal ein Regisseur, die Verbrechen der Nationalsozia-

listen vor Augen zu führen, bleiben die Kinos leer. So wird der Film des aus Hollywood heimgekehrten Emigranten Peter Lorre (1904–1964), »Der Verlorene« (1951), ein Riesenflop. Lorre stellt in seinem Film einen Mörder dar, der den Nazis dienlich war. Nach diesem Misserfolg geht der Regisseur zurück in die USA.

Die Menschen in Deutschland wollen nur ungern an die vielen Wunden der Vergangenheit erinnert werden. Sie sehnen sich nach einem anderen Leben, haben neue Ideale und neue Vorbilder vor Augen. Als die »Helden von Bern« mit einem Sonderzug die triumphale Heimreise antreten, werden sie in allen Bahnhöfen enthusiastisch von Menschenmassen empfangen. Immer wieder ist der Ruf »Wir sind stolz auf euch!« zu hören. Stolz auf ihre Helden sollen auch die Bürger der DDR sein. Ihre Helden sind die »Helden der Arbeit«, besonders leistungswillige Männer und Frauen, die ihr Plansoll übererfüllt haben. Doch ist dies ein von der Staatsregierung verordneter Stolz. Als Sepp Herbergers Fußballer zu den Helden von Bern aufsteigen, ist die Heldin der Arbeit bereits gekürt. Es ist die Weberin Frida Hockauf (1903–1974) aus Zittau, die von der ostdeutschen Presse begeistert gefeiert wird. Doch interessiert das die DDR-Bürger an diesem Tag wirklich? Schließlich ist Deutschland Weltmeister!

Triumphaler Empfang für die »Helden von Bern«

DEINE MEINUNG

Wie viel Stolz auf Deutschland ist erlaubt?

» Ja, ich bin stolz auf mein Land und darauf, hier zu leben. Berühmte Persönlichkeiten wie Goethe, Einstein oder Luther haben unsere Kultur, die Wissenschaft und unser Denken entscheidend geprägt. Und natürlich bin ich froh, dass mein Staat eine Demokratie ist, der seine Bürger rechtlich und sozial absichert.

Auf einige Kapitel der deutschen Vergangenheit, besonders den Nationalsozialismus, bin ich natürlich nicht stolz. Gerade dieser Teil unserer Geschichte ist eine große Schattenseite, die man niemals vergessen darf. Aber Deutschland hat aus seinen Fehlern gelernt und engagiert sich heute aktiv bei der Friedenspolitik und der Entwicklungshilfe.

Nicht zuletzt verbindet uns eine neue, positive Art von Patriotismus, wie wir ihn bei der Fußball-WM 2006 erlebt haben, auch ein Stück mehr mit der Welt.

Juliane Bauch, 18, Studentin

» Egal wie viele Medaillen unsere Sportler erlangen, stolz auf mein Heimatland kann ich nicht sein. Was habe ich dazu beigetragen, dass ich mir einen Funken Stolz erlauben kann? Wer sich Nationalstolz auf die Fahnen schreibt, pickt nur die Goldstücke anderer heraus. Übrig bleiben ein Drittel schwarze Geschichte und ein Drittel rotes Blut.

Trotzdem: Ich bin froh hier zu leben, ein großartiges Grundgesetz zu haben und Höchststandards zu genießen. Genau hier liegt der Unterschied: Froh sein ist in Ordnung. Stolz sein ist blind. Bescheiden neigen müssen wir unsere deutschen Köpfe nicht. Aber wenn wir in unserem Land Werte suchen, befinden wir uns in einem Nullsummenspiel: Goethe gegen Hitler, Schiller gegen Mengele, die Frankfurter Dokumente gegen die Stasi.

Julia Kindel, 19, Studentin

»Mit dem Reichtum fertig zu werden, ist auch ein Problem.«

Und läuft und läuft und läuft …

Zum dritten Mal gleitet das Baumwolltuch über den Lack. Die Karosserie soll glänzen wie nie zuvor! Ein letzter Blick in den Motor. Vorsichtig schlägt der Kontrolleur die Heckklappe zu. Ein letzter kleiner Fleck auf dem Beifahrersitz wird beseitigt. Allen Männern, die an dem Auto arbeiten, steht der Schweiß auf der Stirn. Und das nicht nur, weil Hochsommer ist. Dieser 5. August 1955 ist ein ganz besonderer Tag. Denn das Auto, das gerade vom Band in die riesige Werkshalle läuft, ist der millionste VW. So wird der Volkswagen jedenfalls in Deutschland genannt, auch wenn er bei den Amerikanern seit 1938 »Beetle«, also Käfer, heißt. Im Werk trägt das Auto die Bezeichnung »Typ 1«. Der Name ist treffend, denn es ist das erste vom Wolfsburger Volkswagenwerk produzierte Modell. Seit 1950 wird ein zweites Modell gebaut, der sogenannte »Typ 2«. Aufgrund seines bulligen Aussehens erhält der Kleintransporter bereits bei seiner Herstellung den Beinamen »Bulli«.

Das schweißtreibende Polieren hat sich gelohnt. In der Werkshalle begrüßt eine riesige Menschenmenge den Superstar des Wirtschaftswunders. Durch ein paar besondere Details unterscheidet er sich von seinen Geschwistern: Er hat eine goldfarbene Lackierung, seine Stoßstangen sind mit Diamantstaub belegt, seine Sitze mit Brokat überzogen. Die Menge jubelt. Ein Blitzlichtgewitter bricht los. Schnell wechseln die Fotografen die heißen Birnen ihrer Blitzgeräte und feuern die nächste Salve ab. In jedem Kopf, in jedem Gespräch, in jeder Ansprache ist das Schlagwort »eine Million« präsent. Eine damals unvorstellbar hohe Zahl. Zehn Jahre hat man seit Kriegsende gebraucht, um diese Menge zu erreichen. Im Jahr 1945 beginnt die Montage mit gerade einmal 55 Exemplaren. Und auch das ist nur möglich, weil der Volkswagen keine Neukonstruktion ist, sondern zum Erbe des Dritten Reichs gehört. Adolf Hitler (1889–1945) selbst beauftragt 1933 den Konstrukteur Ferdinand Porsche (1875–1951),

Der VW-Käfer:
Aushängeschild der
Wirtschaftswunderzeit

einen Kleinwagen für jedermann zu entwerfen. Geschickt nutzt Porsche daraufhin bereits bestehende Entwürfe anderer Ingenieure und konstruiert das neuartige und preisgünstige Fahrzeug. KdF-Wagen (Kraft-durch-Freude-Wagen) lautet sein offizieller Name. Der Ausbruch des Zweiten Weltkriegs verhindert dann allerdings die Serienproduktion des zivilen Modells. Lediglich 630 Exemplare werden gebaut und ausschließlich für militärische Zwecke eingesetzt.

Nach dem Krieg wird die von den Nationalsozialisten gegründete »Stadt des KdF-Wagens bei Fallersleben« in Wolfsburg umgetauft. Die Bombenschäden werden beseitigt und mithilfe der britischen Besatzungsmacht nimmt die Produktion Fahrt auf: Bis Oktober 1946 sind es immerhin 10 000 Autos. Zwei Jahre später läuft bereits der 25 000ste VW vom Band, gebaut von 8400

Die Produktion überschreitet die Millionenmarke.

KOMMENTAR

»Wir brauchen wieder etwas vom Denken der Wirtschaftswunderzeit«

Tüchtigkeit, Verlässlichkeit, Wertarbeit, das sagt man uns bis heute nach. Immer wieder höre ich, wie dieser Mythos der Wirtschaftswunderjahre im Ausland beschworen wird. Inder, Amerikaner oder Polen trauen uns diese Tugenden immer noch zu (und kaufen deshalb so hartnäckig-begeistert unsere Waren). Die Zweifler sind wir Deutschen selbst geworden. Die Globalisierung scheint alle Werte auf den Kopf zu stellen. Jetzt, fürchtet man, geht es nur noch um den niedrigsten Lohn, die längsten Arbeitsstunden, die schlechtesten Umweltstandards. Und den Wettlauf kann Deutschland natürlich nie gewinnen. Glücklicherweise. Mir kommt es so vor, als brauchten wir wieder etwas vom Denken dieser Wirtschaftswunderzeit. Als müssten wir gerade jetzt lernen, nicht schwarzzusehen, sondern die Herausforderung anzunehmen. Für uns als reiches Land kann das doch wohl kaum so schwer sein wie für die arme junge Bundesrepublik der Aufbaujahre.

51

Arbeitern. Ein VW kostet im Westen 5050 D-Mark. Für einen Arbeiter mit einem Durchschnittslohn von 300 D-Mark im Monat ein stolzer Preis. Somit bleibt das eigene Auto für die meisten Bundesbürger vorerst ein Traum. Fast alle Fahrzeuge sind für das britische Militär bestimmt, ein kleiner Teil wird in die Niederlande exportiert. Das wichtigste Exportland kommt 1949 hinzu, die USA. Vom ersten Tag an sind die Amerikaner von dem kleinen deutschen Auto mit dem exotischen Design begeistert. Um die hohe Nachfrage zu stillen, muss die Produktion kontinuierlich gesteigert werden. Bis 1950 sind es 100 000 gefertigte VWs. Auch im Inland werden nun immer mehr Autos verkauft, denn dank der Währungsreform kommt die Wirtschaft in Schwung. Die Menschen verdienen wieder Geld und können sich Konsumgüter leisten. 1953 exportiert das Volkswagenwerk bereits in 86 Länder. Die Massenfertigung macht es möglich, den Preis zu senken. Als der millionste VW gefeiert wird, kostet er 3790 D-Mark, also deutlich weniger als knapp nach der Währungsreform. Auch das ist Teil des Wirtschaftswunders.

Der Marshall-Plan: Motor des Wirtschaftswunders

Ist es wirklich ein Wunder?

Egal ob Berlin, Hamburg, Köln, Kassel, Pforzheim oder Darmstadt: 1945 ist fast jede deutsche Stadt zerstört. Deutsche und Alliierte gehen zunächst davon aus, dass auch die meisten Industrieanlagen in Trümmern liegen. Eine rasche Belebung der Wirtschaft scheint daher unwahrscheinlich. Einige einflussreiche alliierte Politiker lehnen den Wiederaufbau der Industrie ohnehin ab, allen voran der US-Finanzminister Henry Morgenthau (1891–1967). Er entwirft noch vor Kriegsende einen Plan, der die Umwandlung Deutschlands in einen Agrarstaat vorsieht. So will er dem besiegten Land ein für alle Mal die Möglichkeit nehmen, erneut Kriege anzuzetteln. Doch der Morgenthau-Plan wird nicht umgesetzt. Denn US-Präsident Harry S. Truman (1884–1972) schlägt eine andere politische Marschrichtung ein. Er sieht die Welt in zwei Lager mit unterschiedlichen Lebensformen gespalten: »Die eine Lebensform gründet sich auf den Willen der Mehrheit und ist gekennzeichnet durch freie Institutionen, eine repräsentative Re-

Harry S. Truman

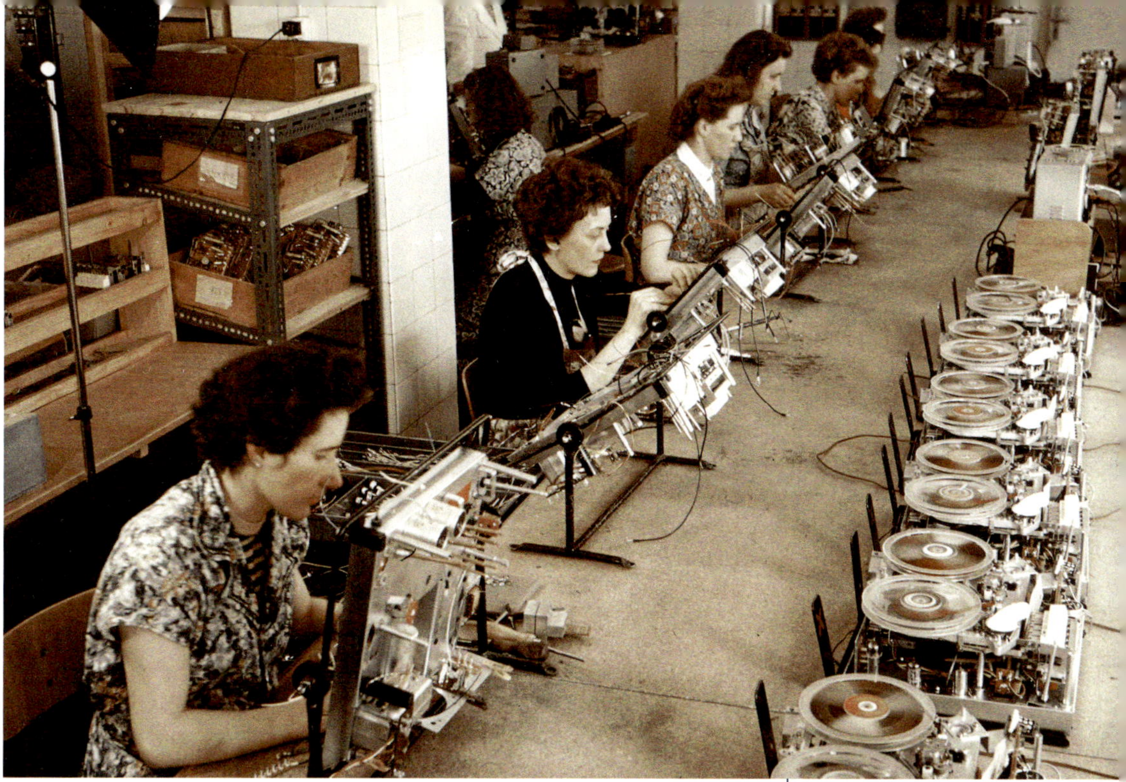

In den 1950er-Jahren läuft die Industriefertigung auf Hochtouren.

gierungsform, freie Wahlen, Garantien für die persönliche Freiheit von politischer Unterdrückung. Die andere Lebensform gründet sich auf den Willen einer Minderheit, den diese der Mehrheit gewaltsam aufzwingt.« Mit der letztgenannten Lebensform ist der Kommunismus gemeint. Und um dessen Vordringen zu verhindern, setzt Truman auf den Marshall-Plan, ein gigantisches Wirtschaftsförderungsprogramm zum Wiederaufbau Europas. Insbesondere die westdeutsche Industrie soll möglichst schnell wieder arbeiten. Truman hofft, dass der wirtschaftliche Erfolg die Widerstandskraft gegen den Kommunismus stärkt. Um den Plan zügig umzusetzen, wird am 16. April 1948 die »Organisation für Europäische Wirtschaftliche Zusammenarbeit« (OEEC) gegründet, der 16 Länder angehören. Noch im selben Jahr fließen die ersten Gelder in die drei westlichen Besatzungszonen – rund 1,4 Milliarden Dollar. Der Plan ist nicht so einseitig, wie er aussieht: Er öffnet den europäischen Markt ebenso für amerikanische Produkte.

Wirtschaftlicher Erfolg soll die Widerstandskraft gegen den Kommunismus stärken

Die Bestandsaufnahme in den drei westlichen Besatzungszonen fällt überraschend positiv aus: Etwa 80 % der Produktionsanlagen sind unzerstört. Der Bombenkrieg der Alliierten hat in erster Linie die Wohnviertel der Städte getroffen. Nach Aufräumarbeiten und der Umstel-

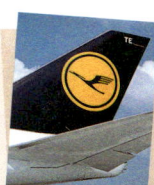

gverkehr wieder auf

· **4.6.1955** Die DDR beginnt, Pakete aus dem Westen mit Röntgenapparaten zu kontrollieren

Ludwig Erhard

lung der Rüstungsbetriebe auf zivile Produkte kommt der Industriebetrieb relativ schnell wieder in Gang. Als nach der Währungsreform eine stabile Währung zur Verfügung steht, braucht die westdeutsche Wirtschaft nur wenige Jahre, um genauso viele Produkte herzustellen wie vor dem Krieg. Da sich zudem die Amerikaner, Franzosen und Engländer bei ihren Forderungen nach Reparationen zurückhalten, steht dem wirtschaftlichen Wachstum nichts mehr im Weg.

»Wohlstand für alle!«

Doch welche konkreten Vorteile bringt diese Entwicklung der Bevölkerung? Der einfache Bürger, der nach der Hauptfigur aus dem Film »Berliner Ballade« von 1948 auch »Otto Normalverbraucher« genannt wird, hat vom Wirtschaftswachstum anfangs sehr wenig; so wenig, dass er sich am 12. November 1948 sogar zu einem Generalstreik hinreißen lässt. Die

Steffen Seibert fragt:

UNIV.-PROF. DR. KARL-RUDOLF KORTE
NRW School of Governance, Universität Duisburg-Essen

»Agrarstaat Deutschland?«

Prof. Korte, wie hätte sich Deutschland entwickelt, wenn der Morgenthau-Plan umgesetzt worden wäre?

Der Morgenthau-Plan hatte das Ziel, Deutschland in einen rückständigen Agrarstaat zu verwandeln: Dazu sollte die deutsche Armee entwaffnet, die Bergwerke stillgelegt und alle industriellen Anlagen abgebaut werden. 20 Jahre waren für diesen Prozess angesetzt, an dessen Ende Deutschland, inmitten von Europa, wirtschaftlich und letztlich auch politisch bedeutungslos bis handlungsunfähig geworden wäre.

Hätte Stalin denn einen gesamtdeutschen Agrarstaat akzeptiert?

Das Hauptziel der Sowjetunion nach Kriegsende war die Beseitigung nationalsozialistischer Kräfte und die Ausdehnung des eigenen Einflusses und der eigenen Ideologie Richtung Westen. Ein wirtschaftlich geschwächter, gesamtdeutscher Staat hätte sich diesem sowjetischen Einfluss nicht entziehen können, weswegen Stalin dem Konzept wohl positiv gegenüber gestanden wäre.

Welche Rolle hätte ein deutscher Agrarstaat im Kalten Krieg gespielt?

Wirtschaftlich und politisch entmachtet, wäre ein deutscher Agrarstaat zum Spielball im Kräftemessen zwischen der Sowjetunion und den Westmächten geworden und hätte sich in dieser Rolle kaum je eigenständig positionieren können. Also setzten die Alliierten darauf, die Bundesrepublik wirtschaftlich und militärisch zu stärken. Gegen den Kommunismus im Osten.

Stimmung ist zunächst schlecht. Sie ändert sich erst zu Beginn der 1950er-Jahre, als auch Otto Normalverbraucher den allmählich steigenden Wohlstand spürt. Zu verdanken ist dies nicht zuletzt dem CDU-Politiker Ludwig Erhard (1897–1977), dem ersten Wirtschaftsminister der Bundesrepublik. Gegen den Widerstand der westlichen Alliierten und der SPD setzt er die soziale Marktwirtschaft durch. Im Gegensatz zu einer völlig freien Marktwirtschaft ist die soziale Form durch staatliche Eingriffe und Auflagen geprägt. Wirtschaftspolitische Maßnahmen und Gesetze sorgen dafür, dass nicht nur die Unternehmer vom Erfolg profitieren, sondern auch Arbeiter und Angestellte. Der Wettbewerb wird streng überwacht, die Bildung von Monopolen verhindert. Das neue Konzept geht auf. Zehn Jahre nach ihrer Gründung ist die Bundesrepublik die zweitstärkste Wirtschaftsnation der Welt hinter den USA. Die Wirtschaft verzeichnet 1955 ein

Vollbeschäftigung im Jahr 1964

Wachstum von 10,5 %, und auch die Löhne steigen um rund 10 %. Dennoch bleiben fast 30 Milliarden D-Mark Schulden, die Deutschland durch die Folgen des Ersten und Zweiten Weltkriegs im Ausland angehäuft hat. Über diese Gelder wird im Februar 1953 in London debattiert. Auf deutscher Seite führt der Bankier Hermann Josef Abs (1901–1994) die Verhandlungen. Er weiß, dass insbesondere die Amerikaner an einer starken Bundesrepublik interessiert sind. Mit viel Geschick gelingt es ihm, die Summe auf knappe 14 Milliarden zu drücken, die in kleinen jährlichen Raten abzuzahlen sind. Das Londoner Schuldenabkommen nimmt eine weitere Last von der deutschen Wirtschaft.

Was aber ist mit den neun Millionen Heimatvertriebenen und den 2,7 Millionen Flüchtlingen aus der DDR, die bis 1961 in die junge Bundesrepublik kommen? Allen Befürchtungen zum Trotz sorgen die Heimkehrer und Flüchtlinge Anfang der 1950er-Jahre für einen Aufschwung. Viele von ihnen sind sehr gut ausgebildet. Aus der DDR strömen vor allem Akademiker, Facharbeiter und Freiberufler ins Land. In der Bundesrepublik ersetzen sie nun die Männer, die im Krieg gefallen

Urlaub in den 1950er-Jahren: Camping hat Hochkonjunktur.

Die ersten Gastarbeiter kommen im Ruhrgebiet an.

sind oder aufgrund ihrer Herkunft oder Gesinnung von den National-sozialisten ermordet wurden. So sinkt die Arbeitslosenquote trotz des anhaltenden Zustroms neuer Bürger. 1953 sind noch rund 1,5 Millionen arbeitslos, drei Jahre später nicht einmal mehr 900 000, und 1961 sind es nur noch 180 000. Als Mitte der 1950er-Jahre sogar zu wenig Arbeitskräfte zur Verfügung stehen, muss gehandelt werden: Die »Vereinbarung über die Anwerbung und Vermittlung von italienischen Arbeitskräften nach der Bundesrepublik Deutschland« wird unterschrieben. Die ersten sogenannten »Gastarbeiter« aus Italien fahren bald darauf ins Ruhrgebiet. In den Bergwerken sucht man händeringend kräftige Männer. Denn die geförderte Kohle liefert die Energie für das Wirtschaftswunder, das, nüchtern betrachtet, gar kein Wunder ist, sondern das Ergebnis vieler wirtschaftlicher, politischer und demografischer Faktoren.

»Wohlstand für alle!« heißt die Devise Ludwig Erhards. Und den beginnen die Bundesbürger nun zu genießen: Sie fahren in den Urlaub. Etwa ein Fünftel der Bürger kann sich 1955 eine Reise an die Nordsee oder in die Alpen leisten, vorerst noch mit Bus und Bahn. Das Auto setzt sich erst in den 1960er-Jahren als Urlaubsvehikel durch. Ganz oben auf der Wunschliste steht die italienische Riviera. Doch können sich dieses Reiseziel nur wenige leisten. Und selbst betuchte Mittelständler trifft

man dort nicht im Hotel an, sondern auf dem Campingplatz. Wer nicht genügend Erspartes für eine Reise hat, kauft sich einen Kühlschrank oder einen Staubsauger.

Im Osten bleibt das Wunder aus

Nach Kriegsende können die Bürger im Osten am steigenden Wohlstand nur teilhaben, wenn sie ihr Land verlassen. Dennoch bleiben viele. Manche entscheiden sich sogar ganz bewusst für ein Leben in der DDR. Nach den einschneidenden Erfahrungen der NS-Zeit vertrauen sie dem Sozialismus und sind den kapitalistischen Systemen gegenüber eher skeptisch eingestellt. Doch schon bald wird ihre Hoffnung von der Realität bitter enttäuscht. Wirtschaftlich hat der Osten von Anfang an mit ungünstigen Bedingungen zu kämpfen. So ist die Schwerindustrie weniger stark vertreten als im Westen. Ein Ruhrgebiet, das Kohle für Stahlhütten liefert, gibt es nicht. Von Ausnahmen abgesehen ist Ostdeutschland überwiegend ein Agrarland. Noch dazu besteht die Sowjetunion auf ihren Reparationen. Sie demontiert Bahngleise und mehr als die Hälfte aller bestehenden Industrieanlagen. Gelder aus dem Marshall-Plan nimmt der Osten natürlich nicht an.

Die Wirtschaft der DDR hat mit ungünstigen Bedingungen zu kämpfen.

Zwar findet 1948 auch in der sowjetischen Zone eine Währungsreform statt, doch ist die Ost-Mark keine harte Währung wie die D-Mark und zudem nicht konvertierbar, also nicht in andere Währungen umtauschbar. Alle Preise werden staatlich festgelegt. Besonders billig sind Grundnahrungsmittel. Konsumgüter werden jedoch kaum produziert und sind entsprechend teuer. Der erste Trabant, der 1957 gebaut wird, kostet 7650 Ost-Mark – mehr als zwei Jahresgehälter eines Arbeiters. Außerdem wird der Kleinwagen nur in begrenzter Anzahl hergestellt. Bis 1962 sind es gerade einmal 128 248 Stück, während bei Volkswagen längst eine Million VW-Käfer pro Jahr vom Band laufen. Lange Wartezeiten sind die Regel. Weitsichtige Eltern bestellen bereits zur Geburt ihres Kindes einen Trabi, damit seine Anlieferung beim Erhalt des Führerscheins gesichert ist. Doch die Bedürfnisse der Bürger spielen für die Planwirtschaft der DDR keine Rolle. Der Staat trifft massive Fehlentscheidungen. Und seine Bürger warten vergeblich auf ihr Wirtschaftswunder.

Langes Warten auf den Trabi

»Wir geben Ihnen alle Gefangenen. Alle! Ehrenwort!«

Oktober 1955 · Herleshausen
Die letzten Kriegsheimkehrer aus der Sowjetunion treffen ein

Heimkehr der Zehntausend

Immer mehr Menschen treffen an der Grenze zur sowjetischen Zone bei Herleshausen ein. Die meisten sind Frauen, Jugendliche und Kinder. Sobald sie den kleinen Platz erreicht haben, schauen sie mit hoffnungsvollen Gesichtern nach Osten. Von dort muss er kommen: der Bus mit den letzten Kriegsgefangenen. Es ist der 7. Oktober 1955. Im Radio haben alle die Sensation gehört. Konrad Adenauer (1876–1967) hat es tatsächlich geschafft. Doch noch weiß keiner der Wartenden, ob der lange vermisste Mann, Sohn oder Bruder auch wirklich dabei sein wird. Viele der Kinder sind verunsichert oder sogar ängstlich. Sie haben ihren Vater fast schon vergessen oder noch nie gesehen. Einige haben Fotos und Namensschilder mitgebracht, um nicht den Falschen in die Arme zu schließen. Endlich trifft der erste mit Girlanden geschmückte Bus ein. Sofort ist er von einer Menschenmenge umringt. Die Türen werden aufgerissen. Die Männer, die aussteigen, sind meist untergewichtig, ihre Gesichter ausgemergelt. Die ersten Blicke suchen und finden sich. Menschen fallen sich in die Arme. Tränen fließen. Manche Paare gehen zunächst aneinander vorbei, bevor sie sich erkennen. Ein Vater nimmt zum ersten Mal seine Tochter in den Arm.

Andere dagegen warten vergeblich. Aber sie wissen, dieser Bus ist nur einer von vielen. Dies sind die ersten 600 der insgesamt 9626 Kriegsgefangenen, die aus der Sowjetunion heimkehren.

Doch oft währt die Freude auf beiden Seiten nicht lange. Die Frauen haben gelernt, ihr Leben ohne Männer zu führen und selbst für ihr Einkommen zu sorgen. Sie sind nicht mehr die Frauen, die sie früher einmal waren. Auch an den Männern sind der Krieg und zehn Jahre Kriegsgefangenschaft nicht spurlos vorübergegangen. Manche werden von ihren furchtbaren Erlebnissen, aber auch von ihren Taten nie etwas erzählen. Noch

Trümmerfrauen helfen beim Wiederaufbau der Städte.

dazu treffen sie in einem Deutschland ein, das sie kaum wiedererkennen. Irritiert wandern sie durch die noch immer zerstörten oder bereits ganz anders wieder aufgebauten Städte. In den Schaufenstern liegen unbekannte Waren. Die Jugendlichen tragen Jeans und hören Rock 'n' Roll. Die Schlagzeilen der Zeitungen berichten von Ereignissen, die sie nicht einordnen können. Nicht wenige fühlen sich jetzt wie Beckmann, der Kriegsheimkehrer, im Stück »Draußen vor der Tür« des Schriftstellers Wolfgang Borchert (1921–1947): Beckmann findet sich in der Welt nach dem Krieg nicht mehr zurecht. Er ist »einer von denen, die nach Hause kommen und die dann doch nicht nach Hause kommen, weil für sie kein Zuhause mehr da ist«.

Und noch ein zunächst übersehenes Problem bringen die letzten Heimkehrer mit sich. Nicht alle sind unschuldige Opfer. Ganz im Gegenteil. Viele von ihnen hatte die Sowjetunion bewusst so lange interniert. Unter ihnen befinden sich etliche Kriegsverbrecher und gesuchte KZ-Aufseher wie Gustav Sorge oder Wilhelm Schubert, denen später der Prozess gemacht wird.

Kommentar

»Die Tür niemals zufallen lassen, reden und verhandeln«

Auch mein Onkel wurde erst in den 50er-Jahren aus sowjetischer Kriegsgefangenschaft entlassen. Jahre seiner Jugend hat er wie unzählige andere in sibirischen Lagern verbracht. Er kam heil zurück und – das ist das eigentliche Wunder – ohne Bitternis, ohne ständig im Gram zurückzuschauen. Adenauers Moskaureise 1955 ist für mich deshalb ein großes Kapitel dieses Kanzlers. Sie ist für mich der Inbegriff dessen, was Außenpolitik zu sein hat: Arbeit im Dienst der Menschen. Die Tür nie zufallen lassen, reden und verhandeln auch mit denen, deren Ideologie man von Grund auf ablehnt. Gerade mit denen. Adenauer war glaubwürdig, auch in Moskau, weil er die Bundesrepublik so zielstrebig an die Seite der Demokratien gestellt hat.

61

Josef Stalin

Schwierige Zeiten für diplomatische Beziehungen

Während und am Ende des Zweiten Weltkriegs geraten rund elf Millionen deutsche Soldaten in Kriegsgefangenschaft. Über eine Million wird vermisst. Während die westlichen Alliierten ihre 7,7 Millionen Gefangenen bis Ende 1948 entlassen, gibt die Sowjetunion ihre 3,1 Millionen nur zögerlich frei. Die deutschen Soldaten müssen helfen, das von der Wehrmacht zerstörte Land wieder aufzubauen. Unterbringung und Verpflegung sind extrem schlecht – Mängel, unter denen die Bevölkerung in der Sowjetunion im Übrigen selbst leidet. Etwa 1,1 Millionen Kriegsgefangene sterben in den Lagern und auf den Märschen dorthin. Die rund zwei Millionen Überlebenden kehren nach und nach in ihre Heimat zurück. Kranke und Arbeitsunfähige zuerst. Doch selbst zehn Jahre nach Kriegsende sind immer noch mindestens 10 000 Gefangene in der Sowjetunion. Fast kein Tag vergeht, an dem im Radio, im Fernsehen oder in Zeitungen nicht über das Schicksal dieser Menschen spekuliert wird. Einige Journalisten stellen sogar die Frage, ob sie jemals heimkehren werden. Für die betroffenen Familien ist die Ungewissheit kaum noch zu ertragen. Die Politik zeigt sich macht- und sprachlos, denn zwischen der jungen Bundesrepublik und der Sowjetunion bestehen keinerlei diplomatische Beziehungen.

Der sich verschärfende Kalte Krieg scheint mehr und mehr unüberbrückbare Hürden zu schaffen. Westeuropa und die USA auf der einen Seite, Osteuropa und die Sowjetunion auf der anderen Seite werden zusehends zu weltanschaulichen und politischen Gegnern. Die Spaltung Deutschlands in zwei Staaten spiegelt diese Frontenbildung direkt wider. Die gegensätzlichen Interessen der Weltmächte aus Ost und West kollidieren hier auf engstem Raum. Der sowjetische Diktator Josef Stalin (1887–1953) will die DDR als Pufferstaat und Schutz vor einem westlichen Angriff erhalten. Der 1953 gewählte Präsident der USA, Dwight D. Eisenhower (1890–1969), sieht in der Bundesrepublik einen wichtigen Partner im Kampf gegen den Kommunismus. Auch die Regierung unter Konrad Adenauer (CDU) bezieht eindeutig Position: Für den katholischen Rheinländer liegt die Zukunft in einer Hinwendung zum Westen und einer klaren Abgrenzung von allen linken Kräften. Adenauer weiß, dass eine starke Westbindung die Vertiefung der

Propagandaplakat für ein Bündnis des Westens gegen den Kommunismus

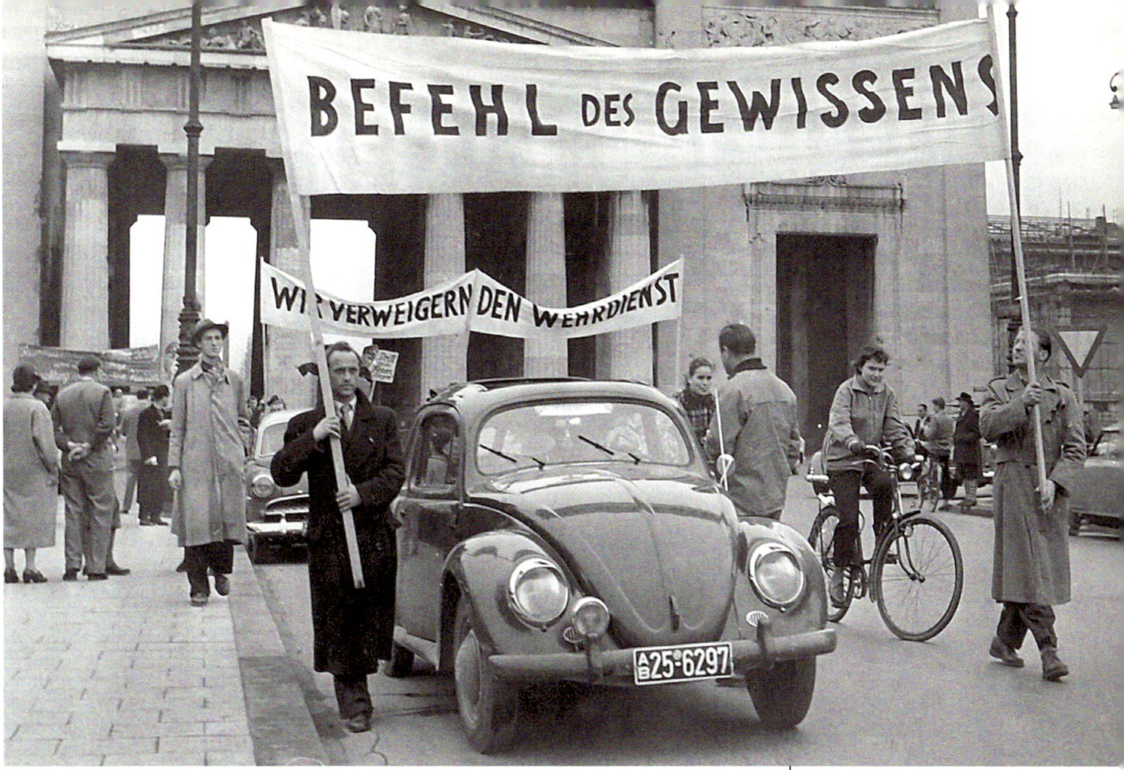

Demonstration im März 1956 gegen die deutsche Wiederaufrüstung

deutschen Teilung bedeuten kann. Doch nimmt er diese Gefahr bewusst in Kauf, um der Bundesrepublik die Freiheit zu sichern. Der Dialog in Richtung Osten liegt weiterhin auf Eis.

Ein wichtiger Baustein der Westpolitik Adenauers ist die Schaffung eines militärischen Verteidigungsbündnisses. Allerdings ist bei den westlichen Alliierten, allen voran Frankreich, die Sorge vor einer deutschen Wiederbewaffnung sehr groß. Und auch innenpolitisch ist das Vorhaben zunächst nicht durchsetzbar. Unmittelbar nach Kriegsende ist die Mehrheit der Bürger für eine Zukunft ohne Armee. Dieser Meinung ist anfangs auch Franz Josef Strauß (1915–1988), der unter Adenauer Vorsitzender des Ausschusses für Fragen der europäischen Sicherheit wird: »Die Hand soll verdorren, die jemals wieder ein Gewehr anfasst.«

Die Wiederbewaffnung der Bundesrepublik

»Nie wieder Krieg!«

Adenauer aber lässt nicht locker. Sein Motto lautet: »Der beste Weg, den deutschen Osten wiederzuerlangen, ist die Wiederbewaffnung Deutschlands innerhalb der Europa-Armee.« Viele Bürger sind anderer Meinung und gehen auf die Straße. Sie fordern »Nie wieder Krieg!«. Adenauer jedoch setzt seinen Kurs fort – trotz vieler Demonstrationen

r DDR · **16.8.1956** Premiere des Films

»Der Hauptmann von Köpenick« mit Heinz Rühmann · **1956** Stefan

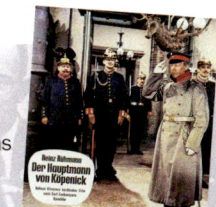

Adenauer vor der Unterzeichnung der Pariser Verträge

Eisernes Kreuz

und heftigem Widerstand der SPD. Am 23. Oktober 1954 ist er am Ziel. In Frankreichs Hauptstadt werden die Pariser Verträge unterzeichnet: Die Bundesrepublik wird Gründungsmitglied der Westeuropäischen Union (WEU), eines militärischen Beistandspaktes der wichtigsten westeuropäischen Länder. Zudem tritt sie dem Nordatlantikpakt (NATO) bei. Dieses Verteidigungsbündnis war 1949 von den westlichen Siegermächten und einigen europäischen Staaten gegründet worden, um gegen einen Angriff der Sowjetunion gewappnet zu sein. Letztlich garantieren die Pariser Verträge der Bundesrepublik auch eine weitgehende staatliche Souveränität. Sie kann nun wieder internationale Verträge abschließen und ist von Entscheidungen der Siegermächte – bis auf wenige Vorbehaltsrechte – unabhängig. Damit ist eine wichtige Vorraussetzung für eine eigene Armee geschaffen. Kein Jahr später werden die ersten 101 Offiziere vom neuen Verteidigungsminister Theodor Blank (1905–1972) begrüßt.

Fast alle sind Träger des Eisernen Kreuzes, einer hohen Kriegsauszeichnung, und wissen, wie man eine Uniform trägt. Die neue Bundeswehr wird von Offizieren der Wehrmacht aufgebaut. Eine problematische Situation: Einerseits sucht man einen Neubeginn, auch bei der Landesverteidigung, andererseits braucht man erfahrene Männer, damit

dieser Neubeginn überhaupt gelingt. Um sich von der Tradition der Wehrmacht und ihrer Verstrickung in die Verbrechen der Nationalsozialisten zu distanzieren, muss die Rolle des Soldaten neu definiert werden. Statt eines willen- und rechtlosen Befehlsempfängers, der sogar für Morde an Zivilisten abkommandiert werden kann, wollen die Politiker im Verteidigungsministerium einen mündigen »Staatsbürger in Uniform«. Daher entscheiden sie sich gegen ein Berufsheer und setzen auf die Wehrpflicht. Doch auch in diesem Punkt will man sich von einer Diktatur unterscheiden und schafft das Recht auf Wehrdienstverweigerung. Die Wehrpflicht soll kein Wehrzwang sein. Bis 1960 ist der Aufbau der Bundeswehr in groben Zügen abgeschlossen und kostet den Steuerzahler rund 51 Milliarden D-Mark. Die Stärke ist auf maximal 500 000 Mann begrenzt.

Beim atomaren Wettrüsten liegen die USA vorn.

Stalin will Adenauer stoppen

Eine Annäherung zwischen Bundesrepublik und Sowjetunion rückt in immer weitere Ferne. Die neuesten von Adenauer vorangetriebenen Entwicklungen können Stalin nicht gefallen. Schon unmittelbar nach der Gründung des westdeutschen Staates befürchtet der sowjetische Diktator die Wiederbewaffnung und Mitgliedschaft in der NATO oder einem ähnlichen Verteidigungsbündnis. Zwar verfügt die Sowjetunion seit August 1949 auch über die Atombombe, doch weiß Stalin, dass die USA mehr als 50 einsatzfähige Bomben besitzen. Außerdem entwickeln die Amerikaner bereits die Wasserstoffbombe. Das atomare Wettrüsten ist längst in Gang, und die USA liegen vorn. In dieser Situation will Stalin wenigstens eine Aufrüstung der Bundesrepublik verhindern. Er unterbreitet den drei westlichen Siegermächten im März 1952 einen überraschenden Vorschlag: Die Bundesrepublik und die DDR sollen eine gemeinsame Regierung bilden und das Land wiedervereinen. Anschließend soll mit der neuen Regierung endlich der noch immer überfällige Friedensvertrag abgeschlossen werden. Sogar ein demokratisches Mehrparteiensystem gesteht er dem Land zu. Nur eines darf es auf keinen Fall, nämlich einem Militärbündnis beitreten. Das wiedervereinigte Deutschland soll neutral bleiben.

Mit Plakaten wirbt der Osten für die Stalin-Noten.

ostarken« mit Horst Buchholz und Karin Baal · **22.11.–8.12.1956** DDR und Bundesrepublik entsenden zum

Könnte dieser Vorschlag tatsächlich zur Aufhebung der Teilung führen? Sofort prüfen westliche Politiker die sogenannten Stalin-Noten. Bundeskanzler Adenauer braucht nicht lange, um ein Urteil zu fällen. Er wittert einen politischen Schachzug Stalins, um die Anbindung der Bundesrepublik an den Westen hinauszuzögern oder sogar zu verhindern. Ein wiedervereinigtes, neutrales Deutschland wäre seiner Meinung nach nur ein Spielball der Sowjetunion. Am meisten stört ihn, dass die in Aussicht gestellte Wiedervereinigung nicht mit freien Wahlen beginnen soll, sondern mit der Bildung einer gemeinsamen Regierung. Stalin würde so den Westen dazu zwingen, die DDR und ihre Regierung anzuerkennen.

Soldaten des Warschauer Paktes

Auch die Westmächte lehnen nach Verhandlungsgesprächen die Stalin-Noten ab. Vor allem die USA und Großbritannien ziehen eine wiederbewaffnete Bundesrepublik einem neutralen Gesamtdeutschland vor. Somit bleibt es bei der Teilung Deutschlands. Die Bundesrepublik gehört schon bald zu Westeuropa. Im Gegenzug wird die DDR Teil des Ostblocks. Ein wichtiger Schritt in diese Richtung ist die Gründung des Warschauer Paktes im Mai 1955, der als Gegenstück zur NATO gedacht ist. Das neue Bündnis erlaubt es der Sowjetunion, die Mitgliedsstaaten, also auch die DDR, mehr denn je zu kontrollieren. Sie kann Truppen stationieren und im Falle eines Aufstands einmarschieren. Der Kalte Krieg spitzt sich zu, Ost und West driften immer weiter auseinander. Der Aufbau diplomatischer Beziehungen scheint undenkbar.

Doch dann geraten die verhärteten Fronten in Bewegung: Nach Stalins Tod 1953 setzt Nikita S. Chruschtschow (1894–1971) einen gemäßigteren politischen Kurs durch. Eine Wende, die auch Adenauer spürt, als er im Juni 1955 überraschend eine Einladung nach Moskau erhält. Chruschtschow möchte verschiedene Probleme klären, etwa die Anerkennung der DDR gegen den Alleinvertretungsanspruch der Bundesrepublik. Nur sie darf laut Adenauer alle Deutschen in der Welt vertreten.

Machtwechsel in der Sowjetunion: Eine Annäherung wird möglich.

66

Auch an der Aufnahme diplomatischer Beziehungen ist Chruschtschow gelegen. Adenauer lässt sich auf den Vorschlag ein. Allerdings kündigt auch er ein Gesprächsthema an: die letzten deutschen Kriegsgefangenen. Am 8. September 1955 fliegt Adenauer nach Moskau. Chruschtschow und Nikolai Bulganin (1895–1975), der Vorsitzende des Ministerrates, sind erstaunt über Adenauers starken Verhandlungswillen. Sie können ihre Forderung nach einer Anerkennung der DDR nicht durchsetzen, dafür aber die Aufnahme diplomatischer Beziehungen beider Länder. Adenauer wiederum kann am 13. September die Heimkehr der letzten Kriegsgefangenen verkünden: »Die sämtlichen Leute werden schon in allerkürzester Zeit die Sowjetunion verlassen.« Er hat nur die mündliche Zusage Chruschtschows und Bulganins. Doch sie halten ihr Wort und keine vier Wochen später kommen die ersten Heimkehrer in der Bundesrepublik an. Adenauer wird zu einem Mythos, dem die Deutschen im Westen mehr denn je vertrauen.

Nikolai Bulganin

Steffen Seibert fragt:

PROF. DR. KRZYSZTOF RUCHNIEWICZ
Historisches Institut, Universität Wrocław

Wie »heiß« war der Kalte Krieg in Deutschland?

Prof. Ruchniewicz, hätte die Bundesrepublik im Kalten Krieg ohne Wiederbewaffnung bestehen können?

Aufgrund ihrer Lage als Pufferstaat zwischen den westlichen Alliierten und der Sowjetunion konnten die Westmächte eine neutrale Bundesrepublik nicht gutheißen. Ihre Wiederbewaffnung wurde als stabilisierender Faktor im Kräftespiel zwischen Ost und West gesehen und war bereits zehn Jahre nach Kriegsende Realität.

Warum ist die Bundeswehr keine Berufsarmee?

Von Anfang an war die Befürchtung groß, durch eine Berufsarmee eine »Kaste von Offizieren« entstehen zu lassen, der keine geringe Mitschuld am Zweiten Weltkrieg zugeschrieben wurde. Die Entscheidung fiel damit auf die Einführung der allgemeinen Wehrpflicht.

In welcher Situation hätte es zu einer Frontstellung zwischen deutschen Bundeswehr- und deutschen NVA-Soldaten kommen können?

Eine militärische Auseinandersetzung wäre unter Umständen während der sogenannten zweiten Berlinkrise denkbar gewesen: Chruschtschow forderte die Westmächte durch ein Ultimatum auf, Westberlin in eine entmilitarisierte freie Stadt umzuwandeln. Damit griff er aufs Schärfste die Rechte der Westmächte in Berlin an. Unter anderem sollte mit diesem Schritt der direkte Fluchtweg aus der DDR geschlossen werden. Der Westen allerdings blieb hart. Die DDR löste 1961 die Berlinfrage mit Zustimmung der UdSSR auf ihre Weise, mit dem Bau der Berliner Mauer und der Abriegelung der innerdeutschen Grenzen.

»NIEMAND HAT DIE ABSICHT, EINE MAUER ZU ERRICHTEN!«

Mauerbau, Tag 1

Eine Mauer mitten durch die Stadt

Karl Reinhard ist einer der rund 50 000 Ostberliner Grenzgänger, die im Westteil der Stadt arbeiten. Als er am Morgen des 13. August 1961 mit dem Fahrrad Richtung Westen aufbricht, wird er schon einige Straßen vor dem Übergang von der Grenzpolizei gestoppt. Seine Papiere sind in Ordnung. Allerdings sind sie über Nacht wertlos geworden. Denn Sektorenübergänge nach »drüben« gibt es nicht mehr. Reinhard versucht es dennoch. Sein Versuch scheitert. Plötzlich bemerkt er: Statt der üblichen Grenzpolizisten sind Soldaten der Nationalen Volksarmee (NVA) an der Sektorengrenze positioniert. Mit Maschinenpistolen sichern sie Bauarbeiter, die Steine von einem Lastwagen abladen und eine Mauer bauen. Mitten durch die Stadt. Dort, wo am Vortag noch ein niedriger Stacheldrahtzaun war. Reinhard hat zwar irgendwie geahnt, dass die SED die Grenze nach Westberlin stärker sichern würde. Doch diese drastische Maßnahme übersteigt alle Vorstellungen. Wie soll er nun zu seiner Arbeit kommen? Was ist, wenn er seinen mit D-Mark gut bezahlten Arbeitsplatz verliert? Was ist mit seinen Freunden und Verwandten in Westberlin? Als noch mehr Lastwagen mit Steinen und Bauarbeitern an ihm vorbeifahren, weiß er, dass sich die Welt und sein Leben nachhaltig ändern werden.

In der Bernauer Straße werden die Fenster zum Westen zugemauert.

Das fürchten auch einige Anwohner der Bernauer Straße, die unmittelbar an der Grenze zum französischen Sektor liegt. Der Bürgersteig gehört bereits zum Westen. Daher beginnen hier die Bauarbeiter damit, die Hauseingänge und Fenster im Erdgeschoss zuzumauern. Sobald sie weiterziehen, fliegen im ersten und zweiten Stock die Fenster auf. Zusammengeknotete Bettlaken werden hinausgeworfen, an denen sich Menschen abseilen. Manche springen auch, einige von ihnen in den Tod. Die 59-jährige Ida Siekmann (1902–1961) wird so zum ersten von mindestens 134 Opfern der Berliner Mauer. Andere Schätzungen sprechen sogar von bis zu 190 Toten. Die Matratzen, die sie auf den Bürgersteig geworfen hat, können ihren Sprung aus dem dritten Stock nicht ausreichend dämpfen. Neun weitere Menschen verlieren in der Bernauer Straße in diesen Tagen ihr Leben.

Die NVA und die Volkspolizei bieten immer mehr Uniformierte auf, um eine Flucht in letzter Minute zu verhindern. Zu ihnen gehört auch Conrad Schumann (1942–1998), der am 15. August in der Bernauer Straße patrouilliert. An der Kreuzung zur Ruppiner Straße ist noch keine Mauer errichtet. Nur eine Stacheldrahtrolle sichert die Grenze. Schumann begreift schlagartig: Nun wird die DDR endgültig zu einem riesigen Gefängnis. Und die Chance, dieses Gefängnis zu verlassen, sinkt mit jedem gemauerten Stein. Er wirft einen prüfenden Blick in Richtung Stacheldrahtrolle. Auf der anderen Seite steht ein Polizeiwagen mit geöffneten Türen. Kurzentschlossen läuft er auf den Stacheldraht zu und springt. Noch während des Sprungs zieht er die Maschinenpistole von der Schulter und wirft sie weg. Die Westberliner Polizei soll sehen, dass er kein Angreifer ist. Sekunden später ist er in Sicherheit. Schumann ist nicht der einzige Uniformierte, der diese Entscheidung trifft. Innerhalb der nächsten vier Wochen folgen über 80 Polizisten und Soldaten seinem Beispiel. Dann werden die letzten Lücken in der Berliner Mauer geschlossen. Die Häuser in der Bernauer Straße werden geräumt und später abgerissen.

Der Eiserne Vorhang schließt sich

Nach dem Ende des Zweiten Weltkriegs ist Deutschland in vier Besatzungszonen und Berlin in vier Sektoren aufgeteilt. Für Reisen in andere Besatzungszonen benötigen die Bürger zunächst einen Passierschein. Im Laufe des Jahres 1946 wird dieser Schein durch einen für 30 Tage gültigen Interzonen-Reisepass ersetzt. Vor allem die Sowjetunion besteht auf dieser Maßnahme. Während die westlichen Besatzungsmächte die Kontrollen an den Demarkationslinien zwischen ihren Zonen allmählich aufheben, beginnt die Sowjetunion 1946 mit Sicherungsmaßnahmen. An Verbindungsstraßen werden die ersten Schlagbäume errichtet. Stacheldraht wird gezogen, Grenzpatrouillen

Conrad Schumann springt in die Freiheit.

in Marsch gesetzt. Die Demarkationslinie zwischen der sowjetischen und der benachbarten britischen und amerikanischen Zone wird bald zu einer Art Grenze, die sich mit einer Länge von 1378 Kilometern durch ganz Deutschland zieht. Nach der Gründung der DDR wird diese Grenze zu einem fast unüberwindlichen Bollwerk ausgebaut. »Zonengrenze« heißt sie in der Bundesrepublik. So soll zum Ausdruck gebracht werden, dass die DDR als Staat weder anerkannt noch akzeptiert ist. »Staatsgrenze der DDR zur Bundesrepublik« oder schlicht »Staatsgrenze West« heißt sie im sozialistischen Deutschland. Gesichert ist sie durch einen zehn Meter breiten Kontrollstreifen und einen Stacheldrahtzaun. Auf dem Gebiet der DDR folgen ein 500 Meter breiter Schutzstreifen, der nach und nach vollständig abgeholzt wird, sowie eine fünf Kilometer breite Sperrzone. Später verwandeln Minen und Selbstschussanlagen den Kontrollstreifen in einen »Todesstreifen«.

Der englische Premierminister Winston Churchill (1874–1965) hat eine derartige Entwicklung bereits 1945 vorausgesehen und den Ausdruck »Eiserner Vorhang« geprägt. Der Begriff, der ursprünglich den feuersicheren Vorhang zwischen Bühne und Zuschauerraum in einem Theater beschreibt, wird nun zum Symbol einer Trennung von West-

Eine 1378 Kilometer lange Grenze zieht sich durch ganz Deutschland.

Dem Stacheldrahtzaun folgt die Mauer: Bilder einer geteilten Stadt

und Osteuropa. Eine Trennung, die durch Grenzbefestigungen und eine beidseitige Politik der Abgrenzung unüberwindbar wird. Allerdings besitzt der eiserne Vorhang im Theater eine kleine Tür für den Notfall. In Europa ist diese Tür Berlin. Noch pendeln täglich rund 500 000 Berliner zwischen beiden Teilen der Stadt hin und her, um einzukaufen, zur Arbeit zu fahren oder Freunde und Verwandte zu besuchen. Zwar gibt es die Sektorengrenze, an der die Papiere kontrolliert werden. Doch oft gelingt auch der Übergang mit gefälschten Papieren. Ebenso bieten U-Bahn-Schächte und schmale Gassen, Häuser und Hinterhöfe genügend Gelegenheiten, um unbemerkt in den Westen und zurück zu gelangen. Von 1945 bis 1961 nutzen rund 1,8 Millionen Menschen aus Ostdeutschland Berlin als Schlupfloch, um zu fliehen. Viele treffen ihre Entscheidung nach dem gescheiterten Volksaufstand vom 17. Juni 1953. Andere sind vom Wirtschaftswunder in der Bundesrepublik beeindruckt und wollen an der Entwicklung teilhaben.

Plakate entlarven Ulbricht als Lügner.

Ostberlin wird abgeriegelt

Im Frühjahr 1961 wird die Abwanderung zum wichtigsten Thema der SED-Führung. Immer öfter berät sich SED-Chef Walter Ulbricht (1893–1973) mit seinem Sicherheitssekretär Erich Honecker (1912–1994) und telefoniert mit dem sowjetischen Regierungschef und Parteichef der KPdSU Nikita Chruschtschow (1894–1971). Die »Tür« Berlin muss zuverlässig geschlossen werden. Doch wie lässt sich dieses Vorhaben realisieren? Im Sommer steht die Lösung fest: Der Westteil der Stadt soll durch eine Mauer abgeschottet werden. Die Planung dieser Aufgabe übernimmt Erich Honecker. Unter strengster Geheimhaltung trifft er alle notwendigen Vorbereitungen. Nur die Regierung ist in den Plan eingeweiht, der auf keinen Fall bekannt werden darf. Anderenfalls könnte es zu einer Massenflucht kommen. Trotzdem verbreitet sich das Gerücht, die DDR wolle die Sicherung der Grenze in Berlin verstärken. Ganz offen fragt daher eine Journalistin auf einer internationalen Pressekonferenz am 15. Juni in Ostberlin Walter Ulbricht nach möglichen Maßnahmen. In der Antwort des SED-Chefs taucht

zum ersten Mal der Begriff Mauer auf: »Ich verstehe Ihre Frage so, dass es Menschen in Westdeutschland gibt, die wünschen, dass wir die Bauarbeiter der Hauptstadt der DDR mobilisieren, um eine Mauer aufzurichten, ja? Äh, mir ist nicht bekannt, dass eine solche Absicht besteht [...]. Niemand hat die Absicht, eine Mauer zu errichten!«

Anfang August fliegt Ulbricht zu einer Sitzung der Staaten des Warschauer Paktes nach Moskau. Bei dieser Gelegenheit bespricht er die letzten Details mit Chruschtschow. Nach seiner Rückkehr gibt Honecker die Befehle. In der Nacht zum Sonntag, dem 13. August 1961, riegeln rund 20 000 NVA-Soldaten, Volkspolizisten und Mitglieder der Betriebskampfgruppen die 43,1 Kilometer lange Sektorengrenze nach Westberlin ab. Straßen werden aufgerissen, Gleise zerstört, U-Bahn-Stationen geschlossen. Innerhalb weniger Stunden sind Stacheldrahtzäune quer durch die Stadt gezogen und Straßensperren errichtet. Dann trifft die erste Ladung Steine ein. Streng bewacht von Soldaten und Polizisten beginnen Bauarbeiter, die von verschiedenen Großbaustellen abgezo-

KOMMENTAR

»Der wahnsinnige Versuch, ein Land in ein Gefängnis zu verwandeln«

Gibts etwas Wahnsinnigeres, als eine halbe Stadt einfach einzumauern? Ist nicht schon der Begriff »Republikflucht« eine Perversität? Ich habe versucht, meinen Kindern im Berlin von heute die Mauer von einst zu erklären. Es klang ihnen schlicht zu verrückt. Du übertreibst, sagten sie ein paar Mal. Das ist ja das Problem: Man sieht den Horrorbau fast nirgends mehr, auch scheint die DDR an vielen Schulen und erst recht in vielen Familien nicht mehr besonders ausführlich besprochen zu werden. Und schon denken die ersten wieder, alles werde übertrieben. Nichts ist übertrieben, leider. Das gesamte DDR-Grenz- und -Schießsystem ist und bleibt der wahnsinnige Versuch, ein Land in ein Gefängnis zu verwandeln. Wer floh, der konnte erschossen werden, wer anders dachte, kam zumindest hinter Gitter. Darf man nie vergessen, so etwas.

gen wurden, mit dem Bau der Mauer. Von einem Tag auf den anderen wird die Tür im Eisernen Vorhang zugeschlagen. Pendler werden arbeitslos, Freunde und Nachbarn getrennt, Familien auseinandergerissen. Auf beiden Seiten der wachsenden Mauer stehen fassungslose Menschen, manche winken sich zu.

Natürlich protestieren westliche Politiker gegen den Mauerbau, insbesondere Willy Brandt (1913–1992), der Regierende Bürgermeister von Westberlin. Noch am Abend des 13. August hält er eine Rede: »Der Senat von Berlin erhebt vor aller Welt Anklage gegen die widerrechtlichen und unmenschlichen Maßnahmen der Spalter Deutschlands, der Bedrücker Ostberlins und der Bedroher Westberlins.« Die Proteste verpuffen jedoch ohne Wirkung, die SED bleibt hart. Sie deutet die Berliner Mauer und die innerdeutschen Grenzanlagen in eine nach außen gerichtete Maßnahme um.

Die DDR feiert den 25. Jahrestag des »antifaschistischen Schutzwalls«.

Angeblich soll das Eindringen »faschistischer Agenten« unterbunden werden. Hinter der offiziellen Bezeichnung »antifaschistischer Schutzwall« verschwindet die eigentliche Funktion der Mauer, nämlich eine weitere Abwanderung in den Westen zu verhindern. Wie ernst die SED-Führung diese Funktion nimmt, wird bereits am 24. August deutlich, als der Schneider Günter Litfin (1937–1961) in den Humboldthafen springt, um in den Westteil Berlins zu gelangen. Denn dort liegen seine neue Wohnung und sein Arbeitsplatz. Er schwimmt nur ein paar Züge und hat das rettende Ufer schon vor Augen, als er von einem Grenzpolizisten mit gezielten Schüssen getötet wird. Litfin ist das erste Maueropfer. Wie mit Flüchtigen umzugehen ist, erklärt Honecker unumwunden auf der Sitzung des Politbüros im September: »Gegen Verräter und Grenzverletzer ist die Schusswaffe anzuwenden.« Die Grenzsoldaten werden von ihren Vorgesetzten regelmäßig ermahnt, diesen Schießbefehl auch umzusetzen.

»**Gegen Verräter ist die Schusswaffe anzuwenden.**«

75

Löcher in der Mauer

Trotz des gigantischen Aufwands ist die Mauer nicht lückenlos. Denn schließlich haben Amerikaner, Franzosen und Briten das Recht, die verschiedenen Sektoren Berlins nach Belieben zu besuchen. Für sie werden besondere Kontrollstellen – sogenannte Checkpoints – geschaffen, die auch von Botschaftsangehörigen und Ausländern benutzt werden dürfen. Am 25. Oktober 1961 versuchen die Grenzsoldaten der DDR, auch die Arbeit dieser Kontrollstellen zu behindern. Am Checkpoint Charlie werden amerikanische Offiziere aufgehalten, die in den Ostteil wollen. Die Amerikaner protestieren. Als Geste der Verteidigungsbereitschaft lassen sie Panzer auffahren. Im Ostberliner Teil gehen sowjetische Panzer in Stellung. Auf beiden Seiten haben die Soldaten den gleichen Befehl: im Notfall das Feuer zu eröffnen. Ab und zu heulen die Motoren ihrer Panzer

Panzer am Checkpoint Charlie

auf, Kanonenrohre werden geschwenkt. Wird einer der Schützen auf den Auslöser drücken? Die Welt hält den Atem an: Man fürchtet den Ausbruch des Dritten Weltkriegs. Drei Tage lang tauschen beide Seiten Drohgebärden aus, dann beruhigt sich die Lage. Die Panzer rücken ab. Die DDR verzichtet auf weitere Kontrollen der Offiziere, die den Ostteil nun wieder ungehindert betreten können.

Diese Möglichkeit haben die Berliner nicht. Doch nicht jeder will die gewaltsame Teilung und die Trennung von Freunden und Verwandten einfach so hinnehmen. Bereits kurz nach dem Mauerbau entwickeln einige Studenten einen riskanten Plan. Da der Weg über der Erde versperrt ist, muss man ihn eben unter der Erde suchen. Wieder ist die Bernauer Straße Ort des Geschehens. Mehr als vier Monate brauchen die jungen Helfer, um einen 135 Meter langen Tunnel vom Westen in den Osten zu graben. Der Tunnel endet in einem Hinterhof in der

76

Schönholzer Straße. Am 14. September 1962 kriechen von dort aus 29 Männer, Frauen und Kinder nach Westberlin. Obwohl ein amerikanischer Fernsehsender das gewagte Unternehmen filmt und finanziell unterstützt, bleiben die wagemutigen Tunnelbauer unentdeckt. Ein Jahr später wird von einer alten Bäckerei in der Bernauer Straße aus der nächste Tunnel gegraben. Im Oktober 1964 zwängen sich insgesamt 57 Menschen durch den 145 Meter langen und gerade einmal 80 Zentimeter hohen Gang, bevor er von den Grenzsoldaten entdeckt wird. Es kommt zu einer Schießerei. Nur mit Mühe und viel Glück können die Flüchtenden am Ende entkommen. Bis 1965 werden 57 solcher Tunnel unter der Mauer gegraben. Schließlich ist auch dieser Weg versperrt, da die Grenzsoldaten den Untergrund mit Horchgeräten überwachen. Doch solange die Berliner Mauer existiert, bleiben die Menschen erfindungsreich: Im Kofferraum, mit Heißluftballons und sogar im Mini-U-Boot wagen sie die riskante Flucht Richtung Westen, in die Freiheit.

> Es ist Ihre Pflicht, Ihre Einzelkämpfer- und tschekistischen Fähigkeiten so zu nutzen, daß Sie die List des Grenzverletzters durchbrechen, ihn stellen bzw. liquidieren, um somit die von ihm geplante Grenzverletzung zu vereiteln. Handeln Sie dabei umsichtig und konsequent, da die Praxis die Gefährlichkeit und Hinterhältigkeit der Verräter mehrfach beweist.
>
> Zögern Sie nicht mit der Anwendung der Schußwaffe, auch dann nicht, wenn die Grenzdurchbrüche mit Frauen und Kindern erfolgen, was sich die Verräter schon oft zu nutze gemacht haben.
>
> Nach erfolgter Anwendung der Schußwaffe haben Sie entsprechend der unter Punkt 1. genannten Maßnahmen zu handeln.

Schießbefehl für die DDR-Grenztruppen

DEINE MEINUNG

DEINE MEINUNG

Freiheit ist für mich ...

» Freiheit ist für mich, die Freiheit von anderen zu akzeptieren. Der Mensch wird niemals vollkommen frei sein. Allein schon die Tatsache, dass wir in einer Welt mit physikalischen Gesetzen leben, setzt uns und unserem Körper klare Grenzen.

Was ist Freiheit? Das Gefühl der Freiheit für jeden zutreffend zu beschreiben ist unmöglich. Dafür gibt es zu viele unterschiedliche Arten von Freiheit.

Wir dürfen bloß nicht in den Glauben verfallen, Freiheit sei im Selbstbedienungsladen zu haben. Sie liegt nicht auf der Straße, sodass wir nur die Hand ausstrecken und zugreifen müssen. Nein – man muss sich Freiheit erarbeiten!

Die Voraussetzung für eine Gemeinschaft, die in Freiheit lebt, ist ebenso banal wie kompliziert: Wir müssen die Freiheit jedes Einzelnen akzeptieren und nach dieser Einsicht handeln.

Jonas Großmann, 17, Schüler

» Freiheit ist für mich, nicht darüber nachzudenken, ob ich frei bin. Man lebt sie oder redet darüber. Deswegen sprechen wir Deutschen so selten von Freiheit. Sie ist für uns in fast allen Lebenslagen ein verlässlicher Begleiter – sei es bei der Berufswahl, der politischen Betätigung oder der Frage, was ziehe ich heute an.

Freiheit ist in Deutschland allgegenwärtig und dennoch für viele kaum greifbar. Denn was frei sein wirklich bedeutet, merkt man erst, wenn man eben nicht frei wählen, reden oder handeln kann. Freiheit gehört zu den Dingen, die wir erst wirklich vermissen, wenn sie weg sind.

Entsprechend schnell lässt sie sich für andere Dinge wie die nationale Sicherheit wegdiskutieren. Ist sie erst einmal weg, kommt sie so schnell nicht wieder zurück. Und uns bleibt nur der Gedanke an sie.

Björn Urbansky, 22, Student

»Den Schuldspruch kann ich nicht anerkennen.«

Dezember 1961 · Jerusalem
Urteilsverkündung im Eichmann-Prozess

Adolf Eichmann in
SS-Uniform

Ein Schreibtischtäter wird gefasst

Ein Mann steigt aus dem Bus. Er ist mittelgroß, schlank, ungefähr 50 und hat eine Halbglatze. Außer seiner Aktentasche trägt er noch einen Strauß Blumen. Niemand beachtet den unscheinbaren Mann, der in der Garibaldi Straße in Buenos Aires wohnt und sich Ricardo Klement nennt. Niemand außer Peter Zvi Malkin (1927–2005) und Isser Harel (1912–2003). Aus einem Versteck heraus nehmen sie ihn ins Visier. Als er seiner Frau den Strauß überreicht, kennen sie den Grund bereits. Heute feiert das Paar seinen 25. Hochzeitstag. Die beiden Männer nicken sich bestätigend zu. Sie sind vom israelischen Geheimdienst und Indizien auf der Spur, die beweisen sollen, dass Ricardo Klement einen falschen Namen benutzt. In ihren Aktenkoffern haben sie zahlreiche Fotos des Gesuchten, auf denen er eine SS-Uniform trägt. Sogar Röntgenbilder führen sie mit sich. Sie wollen den Richtigen schnappen. Knapp einen Monat später, am 11. Mai 1960 ist es soweit. Die Agenten warten, bis der Verdächtige aus dem Bus steigt. Bevor er sein Haus erreicht, überrumpeln sie ihn blitzschnell und zerren ihn in ein Auto. Sofort gibt der Fahrer Gas. Der Entführte wehrt sich nicht. Er scheint auch nicht überrascht. Ganz so, als hätte er mit seiner Gefangennahme gerechnet. »Sind Sie Adolf Eichmann?«, fragt einer der Agenten. »Ja«, gibt der Mann unumwunden zu, »ich bin Adolf Eichmann.« Nach weiteren Verhören wird Eichmann betäubt und in einer israelischen Maschine aus Argentinien geschmuggelt. Politiker des südamerikanischen Landes protestieren, doch Israel gibt nicht nach.

Am 11. April 1961 beginnt der Prozess gegen Adolf Eichmann (1906–1962) vor dem Jerusalemer Bezirksgericht. Der Angeklagte sitzt in einer schusssicheren Kabine aus Panzerglas und hört die 15 Anklagepunkte, an oberster Stelle die Ermordung von mehreren Millionen Juden während des Dritten Reiches. Journalisten aus der ganzen Welt berichten über dieses Ereignis. Es ist der erste Prozess gegen einen NS-Verbrecher in Israel. Auch in Deutschland verbreitet sich der Fall Eichmann wie ein Lauffeuer. Bislang wusste kaum jemand, wer dieser Mann ist. Das ändert

Tor zum KZ Dachau
bei München

31.5.1961 Die Ostberliner Post stempelt ab sofort mit dem Aufdruck »Berlin – Hauptstadt der DDR« · **6.6.1961** Gründung des Z

Zeitzeuge auf einer
Gedenkveranstaltung zur
Befreiung des Konzen-
trationslagers Auschwitz

sich jetzt. Auch diejenigen, die es nicht wahrhaben wollen, werden nun damit konfrontiert. Die Zeitungsleser und Fernsehzuschauer erfahren, dass Eichmann im Reichssicherheitshauptamt für die Deportation der Juden aus Deutschland und den von der Wehrmacht besetzten Gebieten verantwortlich war. Mit menschenverachtendem Kalkül organisierte er den Massenmord. Er war Protokollführer der Wannseekonferenz 1942, auf der die sogenannte »Endlösung der Judenfrage« koordiniert wurde. Nach dem Krieg lebt Eichmann unerkannt in der Lüneburger Heide. Mithilfe einer Geheimorganisation aus Mitarbeitern des Vatikans und ehemaliger SS- und NS-Mitglieder flieht er 1950 nach Argentinien. Er ist nicht der Einzige, der diesen Weg geht. Auch Josef Mengele, ehemaliger Lagerarzt im KZ Auschwitz, und andere NS-Verbrecher beginnen ein neues Leben in Südamerika.

Die Vergangenheit kehrt zurück

Acht Monate dauert die Verhandlung, mehr als 100 Zeugen werden vernommen und unzählige Dokumente vorgelegt, die Eichmanns Tätigkeit während des Dritten Reiches belegen. Erst die Berichterstattung über diesen Prozess und die erschütternden Zeugenaussagen überlebender KZ-Häftlinge öffnen vielen Menschen in Deutschland die Augen: Jetzt müssen sie sich damit auseinandersetzen, wie verbrecherisch und menschenverachtend der NS-Staat wirklich gewesen ist. In den Nachkriegs-

**Erschütternde Zeugenaus-
sagen öffnen vielen Deut-
schen die Augen.**

81

Judenstern

jahren und der Zeit des Wirtschaftswunders wollten und konnten sie die Vergangenheit weitgehend verdrängen. Nun wird sie mehr und mehr zum unausweichlichen Thema. Die Entwicklung gefällt jedoch nicht allen, denn viele Täter leben unerkannt in der Bundesrepublik. Selbst einige jener Ärzte, die die Euthanasie-Tötungsanstalten geleitet hatten und für die Ermordung von mindestens 100 000 Geisteskranken und Behinderten verantwortlich sind, führen nach dem Krieg ganz selbstverständlich ihre Arztpraxen weiter. Andere, die sich im Dritten Reich schuldig gemacht haben, bekleiden sogar hohe Ämter, wie etwa Hans Globke (1898–1973). Der Jurist war während des Dritten Reiches an der Ausarbeitung der Nürnberger Rassengesetze beteiligt. Nach dem Krieg wird er Staatssekretär im Bundeskanzleramt und Konrad Adenauers (1876–1967) wichtigster Berater. Nicht zuletzt der Kalte Krieg und die schleppende Aufarbeitung der Geschichte machen derartige Karrieren möglich.

In Jerusalem stellen die Prozessbeobachter mittlerweile erstaunt fest, dass Eichmann nicht die auf den ersten Blick erkennbare Bestie ist, die sie erwartet hatten. Vor ihnen sitzt ein harmlos wirkender Mann. Ein

Kommentar

»Das Letzte, was uns hilft, ist der Schlussstrich, den manche herbeisehnen«

Mehr als 60 Jahre sind die NS-Verbrechen her und über 40 Jahre diese Augen öffnenden Prozesse gegen die Täter. Das »Nun ist es aber mal gut mit der ständigen Erinnerung« geht inzwischen schon ganz unverdächtigen Bürgern leicht über die Lippen. Mir nicht. Das Letzte, was uns für die Zukunft hilft, ist der Schlussstrich, den manche so herbeisehnen. Schlimm genug, dass viele den für sich längst gezogen haben und es vorziehen, einfach nichts zu wissen. Oder noch katastrophaler: Das hundertmal Bewiesene zu leugnen. Die Neonazis reden ja gerne von deutschem Stolz. Ich bin überzeugt: Stolz könnten wir gerade auf ein Land sein, das – wie mühsam auch immer – die Kraft gefunden hat, sich der Verantwortung für diese Verbrechen zu stellen. Und ihre Wiederholung für alle Zeiten zu verhindern.

Fernsehantennen beseitigt · **13.10.1961** Premiere des Ostampelmännchens · **1.1.1962** Der Deutschlandfunk geht im Westen auf

Durchschnittsbürger, dem man den korrekten Beamten ansieht. Auch hält der Angeklagte keine propagandistischen Reden und verherrlicht das Dritte Reich nicht, sondern beharrt nüchtern darauf, lediglich die Anweisungen von Vorgesetzten ausgeführt zu haben. »Das war ein Führerbefehl«, erklärt er immer wieder und bezeichnet sich als unschuldig. Dass dieser unauffällige Mann an der Ermordung von sechs Millionen Menschen beteiligt war, ist schwer zu verstehen. Die bekannte jüdische Publizistin Hannah Arendt (1906–1975), die 1933 aus Deutschland fliehen konnte, prägt in ihrem Bericht über den Prozess den Begriff von der »Banalität des Bösen«. Ohne diese »Verwaltungsmassenmörder«, wie Arendt sie nennt, die gehorsam jeden Befehl ausgeführt haben, wäre die Ermordung von Juden, Sinti und Roma, Homosexuellen und Menschen mit Behinderung undenkbar gewesen. Arendts Auffassung von der »Banalität des Bösen« wird bis heute heftig diskutiert. Eichmanns Schuld steht indes zweifelsfrei fest. Am 15. Dezember 1961 wird er zum Tode verurteilt, am 1. Juni 1962 hingerichtet.

Hannah Arendt

Ungeliebtes Erbe

Während in der Bundesrepublik erst spät und zögernd eine Auseinandersetzung mit der nationalsozialistischen Vergangenheit beginnt, versteht sich die DDR von Anfang an als antifaschistischer Staat und beruft sich in erster Linie auf den Widerstand der Kommunisten gegen die Nationalsozialisten. Walter Ulbricht (1893–1973) und Erich Honecker (1912–1994) beschwören den Antifaschismus in ihren Reden: Er wird zum Gründungsmythos der DDR. Juden, Sinti und Roma, Homosexuelle und andere Opfergruppen der Nazizeit nehmen in diesem Bild allerdings nur einen untergeordneten Platz ein. Helden sind vor allem kommunistische Widerstandskämpfer wie Ernst Thälmann (1886–1944) und Georg Schumann (1886–1945), an die zahlreiche Denkmäler, Straßen- und Schulnamen

Ernst-Thälmann-Denkmal in Ostberlin

83

erinnern. Im Westen dagegen werden zur gleichen Zeit im sogenannten Adenauer-Erlass Mitglieder der Kommunistischen Partei Deutschlands (KPD) als verfassungsfeindlich eingestuft. Viele Kommunisten verlieren daraufhin ihre Posten im öffentlichen Dienst. In der DDR wiederum lässt die SED die Archive nach Dokumenten aus dem Dritten Reich durchforsten. Mit ihrer Hilfe soll die NS-Vergangenheit westdeutscher Politiker und hoher Beamter belegt werden. Die nationalsozialistische Vergangenheit vieler DDR-Bürger dagegen bleibt unerwähnt. Zwar wird der Holocaust selbst nicht verschwiegen, doch lediglich als eines von vielen Verbrechen der Nazis entschärft. Opfer sei vor allem die deutsche Arbeiterklasse gewesen, die von Hitler, der im Auftrag des Großkapitals gehandelt hätte, verführt und unterdrückt worden sei. Während die Bundesrepublik allmählich beginnt, Schuld und Verantwortung zu diskutieren, spricht die SED die Bürger der DDR frei. Sie lehnt

Kundgebung der SED am Gedenktag für die Opfer des Faschismus

Das Luxemburger Abkommen: ein erster Schritt der Wiedergutmachung

daher auch jede Form der Wiedergutmachung gegenüber dem jüdischen Volk ab. Adenauer positioniert sich anders und bekennt sich schließlich zur Verantwortung des deutschen Volkes. Obwohl noch keine diplomatischen Beziehungen zu Israel bestehen, unterzeichnet er am 10. September 1952 das Luxemburger Abkommen. Darin erklärt sich die Bundesrepublik zur Zahlung von 3,5 Milliarden D-Mark an Israel und an in anderen Ländern lebende Juden bereit – ein erster kleiner Schritt, aber ein wichtiger, der dazu beiträgt, dass Deutschland langsam wieder in die Staatengemeinschaft zurückkehren kann. Adenauer muss hart für diesen Weg kämpfen, nicht zuletzt gegen seine eigene Partei, die sich bei diesem Thema gespalten zeigt: Einige bleiben der entscheidenden Bundestagssitzung fern, andere enthalten sich oder stimmen gegen die Vorlage, nur ein Teil der Unionsabgeordneten ist dafür. Schließlich kann sich Adenauer mit den Stimmen der SPD durchsetzen.

Auch in der DDR gibt es Politiker, die entgegen der SED-Ideologie für eine Wiedergutmachung mit dem jüdischen Volk eintreten. Mehrfach spricht sich etwa Paul Merker (1894–1969), Mitglied in Politbüro

und Zentralkomitee der SED, für Entschädigungszahlungen und Kontakte zu Israel aus. Außerdem mahnt er die Rückgabe jüdischen Vermögens an, das von den Nazis beschlagnahmt worden war. Doch diese Forderungen passen nicht zur Staatsdoktrin der DDR. Merker wird 1950 aus der SED ausgeschlossen und 1955 sogar zu acht Jahren Zuchthaus verurteilt. In der Urteilsbegründung heißt es, er sei ein »zionistischer Agent« gewesen und habe »die Verschiebung von deutschem Volksvermögen« zugunsten »jüdischer Monopolkapitalisten« vorbereitet. Merker ist nicht das einzige Opfer einer Ideologie, die am Ende Judentum und Kapitalismus gleichsetzt. Aus Furcht vor einer »zionistischen Bedrohung« und vor »jüdischen Kapitalisten« werden SED-Mitglieder jüdischer Abstammung auf ihre Linientreue hin überprüft. Jüdische Angestellte in den Stadt- und Bezirksverwaltungen werden entlassen, jüdische Gemeinden gegängelt. Mehr als 400 Juden fliehen daraufhin aus der DDR. Außenpolitisch wird ein ähnlicher Kurs ver-

**Die SED spricht von
»zionistischer Bedrohung«.**

Steffen Seibert fragt:

PROF. DR. KRZYSZTOF RUCHNIEWICZ
Historisches Institut, Universität Wrocław

»Wie schwer haben sich Ost und West im Umgang mit dem NS-Erbe getan?«

Prof. Ruchniewicz, wie hat man in Deutschland nach dem Krieg gelernt, sich aktiv mit der Nazivergangenheit auseinanderzusetzen?

Mancherorts mussten nach 1945 drei, vier Jahrzehnte vergehen, ehe Gedenkstätten an zentralen öffentlichen Stätten entstanden, die Menschen im täglichen Leben mit der Geschichte ihres Landes konfrontierten. Der Bau dieser Denkmäler und die Diskussionen, die darüber geführt werden, spiegeln den langwierigen und komplizierten Prozess der Deutschen in Auseinandersetzung mit ihrer Geschichte wider. Das Ausland mag darüber hinaus die begründete Frage stellen, ob es nicht auch vermehrt Gedenkstätten für nicht jüdische Opfergruppen des

NS-Regimes, insbesondere aus Ostmitteleuropa, geben sollte, wie im Falle des Denkmals für Sinti und Roma in Berlin.

Wie ist der Antisemitismus in der DDR zu erklären?

Das SED-Regime wollte seine ohnehin schwache Akzeptanz in der Bevölkerung nicht gefährden: NS-Verbrechen wurden in der DDR nicht öffentlich diskutiert. Auf diese Weise waren Millionen ehemaliger NSDAP-Mitglieder und -Sympathisanten einer unangenehmen Auseinandersetzung mit der eigenen Verantwortung entbunden. Und standen – so war zu hoffen – der DDR-Regierung loyal gegenüber. Die mangelnde Auseinandersetzung mit der NS-Vergangenheit hat den Antisemitismus in der DDR in gewisser Weise konserviert.

folgt: Im Nahostkonflikt ergreift die DDR einseitig Partei für die arabisch-palästinensische Seite. Israel dagegen bezeichnet sie abwertend als »Handlanger des amerikanischen Imperialismus«.

Die Auschwitz-Prozesse

Obwohl die Verbrechen der Nationalsozialisten langsam ins Bewusstsein der Bundesbürger dringen, kann von einer Auseinandersetzung auf breiter Basis nicht geprochen werden. Oft sind es Einzelpersonen, die mit viel Engagement gegen das Verdrängen und Vergessen kämpfen. Einer von ihnen ist der Frankfurter Generalstaatsanwalt Fritz Bauer

Ein Angeklagter beim Frankfurter Auschwitz-Prozess

(1903–1968), der 1933 als Jude und SPD-Mitglied von der Gestapo verhaftet wird, später jedoch nach Schweden fliehen kann. Er arbeitet eng mit der 1958 gegründeten »Zentralen Stelle der Landesjustizverwaltungen zur Aufklärung nationalsozialistischer Verbrechen« in Ludwigsburg zusammen. Die Einrichtung beginnt umgehend damit, Beweise gegen Ärzte und Wachmannschaften von Konzentrationslagern zu sammeln und Erkundigungen über die Aufenthaltsorte der Gesuchten einzuziehen. Bei diesen Ermittlungen erhält Bauer auch Hinweise auf den Aufenthaltsort von Adolf Eichmann. Er umgeht den Dienstweg und wendet sich direkt an die Behörden in Israel, die daraufhin ihre Agenten nach Argentinien entsenden. Der Eichmann-Prozess wiederum bestärkt viele bundesdeutsche Ermittler und Juristen: Jeder Beschuldigte soll sich in einem Einzelprozess verantworten. Bauer gelingt es am Ende, diese Verfahren zu einem großen Auschwitz-Prozess zusammenzuführen, der am 20. Dezember 1963 im Frankfurter Römer eröffnet wird. Auf der Anklagebank sitzen 22 inzwischen inhaftierte Täter. Unter ihnen auch der ehemalige SS-Oberscharführer Wilhelm Boger (1906–1977), von KZ-Häftlingen als »Bestie von Auschwitz« gefürchtet. Unzählige Menschen waren von ihm mit eigens entwickelten Folterinstrumenten zu Tode gequält worden.

Ingesamt werden 357 Zeugen befragt. Oft können sie nur unter Tränen aussagen. Viele Zeitungen berichten täglich über den Prozessverlauf. Langsam wird deutlich, dass das System der Konzentrations- und

Vernichtungslager keine Fußnote in der Geschichte des Dritten Reiches darstellt, sondern eine der tragenden Säulen des Regimes war. Viele mochten bis dahin glauben, dass nur wenige Angehörige der SS eingeweiht und beteiligt waren. Nun stellt sich heraus, wie groß der Vernichtungsapparat wirklich war und wie viele Menschen an den Verbrechen mitgewirkt hatten – vom einfachen Polizisten bis zum Lokführer, vom Giftgaschemiker bis zum Auktionator enteigneten jüdischen Eigentums. 18 Angeklagte werden schließlich verurteilt, zum Teil zu lebenslangen Haftstrafen. Nicht alle Bundesbürger sind mit den Urteilen einverstanden. Es gibt auch Sympathiebekundungen für die Täter. Als die Verurteilten den Saal verlassen, heben einige Polizisten die Hand zum militärischen Gruß. Der Weg, den die Deutschen gehen müssen, ist also noch lang, aber er ist eingeschlagen. Weitere Prozesse bringen immer mehr Einzelheiten ans Licht. Im März 1960 trifft Adenauer mit Israels Premierminister Ben Gurion (1986–1973) zusammen, um das Verhältnis beider Staaten zu verbessern. Fünf Jahre später nehmen die Bundesrepublik und Israel diplomatische Beziehungen auf. Aus kleinen Schritten werden langsam größere.

Demonstration gegen Neonazis im April 2005

Menschenmassen entrichten den Hitlergruß: Aufnahme aus den frühen 1930er-Jahren

»WER NICHTS ZU SAGEN HAT, SOLL KEINE KOMMENTARE SCHREIBEN.«

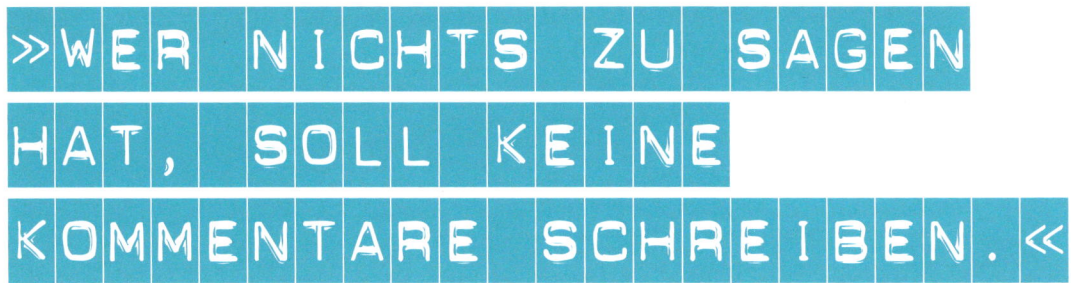

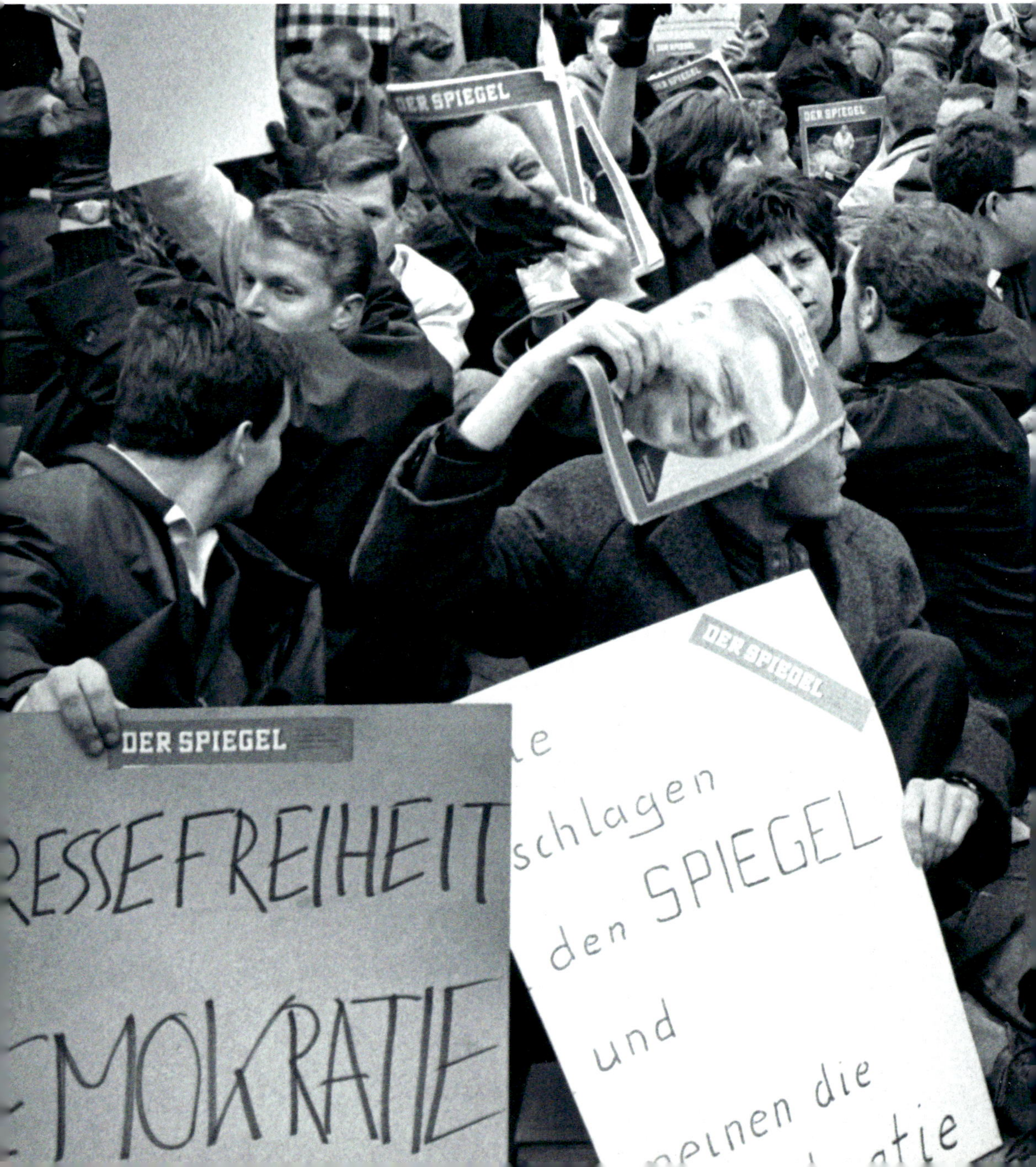

Polizisten stürmen die Spiegel-Redaktion: Die Massen protestieren

»Sie sind verhaftet!«

Mehrere Einsatzfahrzeuge der Polizei fahren am Abend des 26. Oktober 1962 in Richtung Hamburger Pressehaus. Reifen quietschen. Mehr als 50 Polizisten in Uniform und Zivil springen aus den Fahrzeugen und drängen durch den Haupteingang am völlig überraschten Pförtner vorbei in das rote Backsteingebäude. Einige Uniformierte bleiben zurück, um von nun an jeden zu kontrollieren, der das Gebäude betritt oder verlässt. Die übrigen Beamten stürmen die Treppe hinauf. Ihr Ziel sind die Redaktionsräume des Nachrichtenmagazins »Der Spiegel« im sechsten und siebten Stock. Dort sind die Redakteure gerade dabei, die neueste Ausgabe fertigzustellen. Plötzlich fliegen die Türen auf. Befehle werden erteilt und Namen gerufen. Irritiert schrecken die Journalisten auf. Einige von ihnen werden sofort verhaftet, darunter auch die beiden Chefredakteure Claus Jacobi (*1927) und Johannes K. Engel (*1936). Noch in derselben Nacht durchsuchen die Polizisten die Wohnungen der Redakteure, selbst die Kinder reißen sie aus dem Schlaf, um unter Matratzen und Betten nachzusehen. Auch in Bonn, wo sich ein Nebenbüro des »Spiegels« befindet, kommt es zu Verhaftungen. In den Redaktionsräumen beider Städte herrscht das Chaos: Jede Schublade wird geöffnet, jeder Aktenordner durchgeblättert. Gleichzeitig finden die ersten Vernehmungen statt. Immer wieder fragen die Beamten die Redakteure nach den Aufenthaltsorten von zwei Männern: Rudolf Augstein (1923–2002) und Conrad Ahlers (1922–1980). Augstein ist der Herausgeber des »Spiegels« und hatte 1947 als 23-Jähriger das Nachrichtenmagazin gegründet. Ahlers ist ein bekannter Journalist. Beide stehen auf der Liste der Verdächtigen ganz oben. Sofort wird eine bundesweite Fahndung eingeleitet.

Polizisten überwachen die Durchsuchung der Hamburger Redaktion.

Einer ärgert sich ganz besonders, dass ausgerechnet diese beiden Männer zunächst nicht verhaftet werden können: Bundesverteidigungsminister Franz Josef Strauß (1915–1988). Dann erfährt er von Hamburger Ermittlern Ahlers' Aufenthaltsort. Der Redakteur befindet sich gerade im Urlaub in der spanischen Stadt Torremolinos. Sofort kontaktiert Strauß von Bonn aus seinen Freund Achim Oster, den deutschen Militärattaché in Madrid. Da dieses Vorgehen keineswegs dem offiziellen und rechtlich erforderlichen Dienstweg entspricht, erklärt ihm Strauß, die Maßnahme sei ein Befehl von Bundeskanzler Konrad Adenauer (1876–1967). Der Diplomat alarmiert daraufhin die spanischen Behörden. Nachts um drei werden Ahlers und seine Frau in ihrem Hotel aus dem Bett geholt, von der Polizei festgenommen und in die Bundesrepublik ausgeflogen. Herausgeber Augstein, der am Abend der Hausdurchsuchungen zufällig bei einem Freund war, stellt sich zwei Tage später der Polizei.

Der »Spiegel« erscheint seit 1947.

Ein folgenschwerer Verdacht

Doch was ist die Ursache für dieses Vorgehen? Ein derartig umfangreicher und aufsehenerregender Polizeieinsatz muss einen triftigen Grund haben. Immerhin handelt es sich bei den Beschuldigten um Journalisten, deren Arbeit in der Bundesrepublik besonderen Schutz durch das Grundgesetz genießt. Den Anlass erfährt die Öffentlichkeit am Tag darauf. Die Bundesanwaltschaft gibt bekannt, die Redakteure seien »wegen des Verdachts des Landesverrats« verhaftet worden. Der »Spiegel« habe einen Artikel veröffentlicht, der »den Bestand der Bundesrepublik sowie die Sicherheit und Freiheit des deutschen Volkes« gefährdet hätte. Ein äußerst schwerwiegender Vorwurf.

Die Sicherheit und Freiheit des deutschen Volkes soll gefährdet sein.

Schnell wird bekannt, wer die Spiegel-Redakteure angezeigt hat: Friedrich August Freiherr von der Heydte (1907–1994), ehemaliger Offizier der Wehrmacht und Träger des Ritterkreuzes mit Eichenlaub, einer der höchsten Auszeichnungen im Zweiten Weltkrieg. Der Reserveoffizier der Bundeswehr und Professor für Jura gilt als sehr konservativ. Erst vor Kurzem hatte er gefordert, die Bundeswehr in katholische und evangelische Regimenter aufzuteilen. Die katholischen und seiner Ansicht nach zuverlässigeren Soldaten sollten unter sich

Amerikanische Mittel-
streckenrakete Pershing II
mit atomarem Sprengkopf

bleiben. Als von der Heydte in der Spiegel-Ausgabe vom 10. Oktober 1962 den Artikel »Bedingt abwehrbereit« von Ahlers liest, entschließt er sich zur Anzeige. In seinem Artikel kritisiert Ahlers die Verteidigungsfähigkeit der NATO, die zu wenig Soldaten und Waffen einsatzbereit habe und im Falle eines Angriffs durch Staaten des Warschauer Paktes auf Atomwaffen zurückgreifen müsse. Die eigenen Atomwaffen und die des Gegners würden jedoch letztendlich einen Großteil der Bevölkerung der Bundesrepublik töten und das Land weitgehend vernichten. Ahlers begründet seine Kritik mit einem erst kürzlich durchgeführten Planspiel der NATO namens »Fallex 62«. Die Übung war angesetzt worden, um die Möglichkeiten der NATO im Falle einer sowjetischen Offensive auszuloten. Dieses Planspiel aber, hält die Bundesanwaltschaft den Spiegel-Redakteuren vor, sei ein militärisches Geheimnis, das unter keinen Umständen hätte preisgegeben und veröffentlicht werden dürfen. Vertreten wird die Bundesanwaltschaft durch Siegfried Buback (1920–1977), der die Redaktionsräume nach der Durchsuchung schließen und versiegeln lässt. Das Ende des Nachrichtenmagazins scheint in Sicht.

Die Pressefreiheit wird verteidigt

Das Pressehaus in Hamburg beherbergt nicht nur den »Spiegel«, sondern auch die Redaktionen des »stern«, der »Zeit« und der »Hamburger Morgenpost«. Hautnah erleben die Redakteure und Journalisten dieser Blätter mit, was mit den Kollegen passiert. Am Tag nach der Polizeiaktion nehmen sie den Spiegel-Artikel von Ahlers genau unter die Lupe. Einige kennen den Text bereits, doch beim ersten Lesen war ihnen nichts aufgefallen. Auch diesmal können sie außer einigen kritischen Kommentaren nichts Besonderes feststellen. Journalistisch ist er in Ordnung. Ernüchterung macht sich breit. Dieser Artikel soll den Staat derart provoziert haben? Das ist nur schwer vorstellbar, zumal auch andere Zeitungen und Ma-

gazine über das Planspiel der NATO berichtet hatten. Einigen Mitarbeitern fällt ein, dass ihnen bereits vor Tagen ein sonderbares Klicken in ihren Telefonapparaten aufgefallen war. Sollte etwa das ganze Gebäude von den Staatsorganen abgehört worden sein? »Hier geht es nicht um den ›Spiegel‹, hier geht es um die Pressefreiheit«, urteilt schließlich einer der Redakteure mit ernster Miene. Die Kollegen sind sich einig: Schreibtische und Stühle werden durch die Gänge geschleppt, Telefonleitungen verlegt und zusätzliche Schreibmaschinen aufgestellt. Auch die Hamburger Mitarbeiter der Bild-Zeitung, deren Redaktion sich gar nicht im Pressehaus befindet, bieten ihre Unterstützung an und stellen Material zur Verfügung. Wenig später sitzen die verbliebenen Spiegel-Redakteure, die nicht verhaftet worden waren, an ihren neuen Arbeitsplätzen. In manchen Büros klappern bald doppelt so viele Schreibmaschinen wie gewohnt. In den Räumen ist es stickig, laut und eng geworden. Aber niemand murrt. Denn alle wissen, dass es nicht allein darum geht, den »Spiegel« zu retten. Es gilt die Pressefreiheit zu verteidigen, die im Grundgesetz festgeschrieben ist.

Abhöranlage

Kommentar

»Die Spiegel-Affäre macht die Empörung leicht«

Der Versuch damals, unliebsame Journalisten einzuschüchtern, war so durchschaubar wie brachial. Die Spiegel-Affäre macht die Empörung also leicht. Gegen solche Übergriffe würden sich auch heute Bürger und Journalisten vehement zur Wehr setzen. Nur kommen die, die kritische Medien gefährden, mittlerweile ganz anders daher. Mit immer neuen gesetzlichen Formen der Überwachung: der Vorratsdatenspeicherung zum Beispiel, die die elektronischen Kontakte jedes Bürgers, also auch jedes Journalisten, nachvollziehbar macht. Ein Verdacht muss gar nicht vorliegen. Und sie nennen, erst recht seit dem 11. September 2001, immer denselben Grund: Nur diese Maßnahmen seien wirksamer Schutz vor Terroristen. Dieses Vorgehen mag weniger offensichtlich sein, die Pressefreiheit aber höhlt es genauso aus.

93

Deutschlandweit kommt es zu Massenprotesten für die Pressefreiheit.

»Wir haben einen Abgrund von Landesverrat im Lande!«

Die Reaktionen, die die Verhaftungswelle auslöst, sind viel heftiger, als es manche Politiker und die Bundesanwaltschaft erwartet haben. Trotz der Kubakrise und der Angst vor einem bevorstehenden Atomkrieg berichten viele Zeitungen auf den Titelseiten über die Ereignisse im Pressehaus. In vielen deutschen Städten kommt es zu spontanen Demonstrationen gegen die Verhaftungen. Vor allem Studenten gehen für eine Freilassung der Inhaftierten und die Pressefreiheit auf die Straße. Bald folgen die Gewerkschaften und Anhänger der SPD, ebenso namhafte Professoren, Geistliche und Künstler. Auch die »Gruppe 47« ergreift Partei für den »Spiegel«. Zu dieser Vereinigung von Schriftstellern zählen bekannte Autoren wie Günter Grass, Ingeborg Bachmann, Alfred Andersch und Heinrich Böll. Selbst konservative Medien zeigen sich empört, Massenproteste erheben sich – quer durch das politische Spektrum der Bundesrepublik. Der Druck wird so groß, dass Adenauer am 7. November im Bundestag eine Erklärung abgeben muss. Der Bundeskanzler rechtfertigt die Verhaftungen und wiederholt den Vorwurf der Bundesanwaltschaft: »Wir haben einen Abgrund von Landesverrat im Lande!« Als Hauptschul-

digen sieht er Rudolf Augstein, dem er hauptsächlich kommerzielle Interessen unterstellt: »Er verdient am Landesverrat und das finde ich gemein!« Doch damit gibt sich die Opposition nicht zufrieden. Sie will wissen, wer die Aktion, die inzwischen den Namen »Spiegel-Affäre« trägt, zu verantworten hat. Denn die Anzeige von Freiherrn von der Heydte rechtfertige keineswegs Mittel und Umfang des Polizeieinsatzes. Diese Frage interessiert auch die FDP, den Koalitionspartner der CDU/CSU, zumal der liberale Bundesjustizminister Wolfgang Stammberger (1920–1982) in das Vorhaben nicht eingeweiht war. Der ebenfalls zuständige Hamburger Innensenator Helmut Schmidt (*1918) wurde nicht nur übergangen, sondern sogar selbst verdächtigt, zum Kreis der Landesverräter zu gehören. Wer also hatte im Hintergrund die Fäden gezogen? Wer hatte die illegale Festnahme von Conrad Ahlers in Spanien veranlasst?

Die Frage nach den Verantwortlichen drängt sich auf.

Ein Minister schlägt zurück

Für die Demonstranten steht der Verantwortliche längst fest. In Sprechchören fordern sie lautstark: »Augstein raus und Strauß hinein!« Der Bundesverteidigungsminister beteuert indes im Bundestag seine Unschuld: »Mit der Sache habe ich im wahrsten Sinne des Wortes nichts zu tun.« Dann aber wird bekannt, dass Strauß den Staatssekretär im Bundesjustizministerium angewiesen hatte, Stammberger bewusst nicht zu informieren. Und von der angeblichen Weisung des Bundeskanzlers, auf die Strauß sich bei der Verhaftung Ahlers' beruft, will Adenauer nichts wissen. Währenddessen gewinnen die Protestveranstaltungen täglich an Stärke. Als auch noch die Hintergründe der Festnahme in Spanien ans Licht kommen, wird aus der Spiegel-Affäre innerhalb weniger Tage eine Strauß-Affäre. Die SPD sowie die FDP verlangen den Rücktritt des Verteidigungsministers. Der aber weist nach wie vor jede Verantwortung von sich. Am 19. November setzt die FDP Zeichen. Alle fünf liberalen Minister treten zurück. Die Strauß-Affäre weitet sich zur Regierungskrise aus. Erst elf Tage später und letztlich auf Drängen Adenauers gibt Strauß nach. Neuer Verteidigungsminister wird Kai-Uwe von Hassel (1913–1997). Die Regierungskrise ist behoben, die FDP-Minister nehmen ihre Ämter wieder auf.

Franz Josef Strauß

Der frühe Verdacht, Franz Josef Strauß habe seine Finger im Spiel, kommt nicht von ungefähr. Gleich nach den ersten Verhaftungen vermuten Redakteure im Hamburger Pressehaus, dass es sich bei der Polizeiaktion um einen Gegenschlag des Verteidigungsministers handeln könnte. Denn seit Strauß 1949 in den Bundestag gewählt wurde, hat Augstein den bayerischen Politiker im Visier. Er sieht in ihm eine Gefahr für die Demokratie. Immer wieder decken Redakteure des »Spiegels« Verfehlungen von Franz Josef Strauß auf. Basierend auf glaubwürdigen Beweisen wird er mehrfach Ziel verschiedener Korruptionsenthüllungen.

»Reporter ohne Grenzen« gedenken weltweit getöteter Kollegen.

Letztlich findet der Verteidigungsminister auch im Artikel von Conrad Ahlers kritische Erwähnung: Strauß will gegen den Willen des amerikanischen Präsidenten John F. Kennedy (1917–1963) die Bundeswehr zur Atommacht aufrüsten. Er spricht sich sogar für einen atomaren Erstschlag aus, falls mit einem sowjetischen Angriff zu rechnen ist. Für Franz Josef Strauß ist also die Anzeige wegen Landesverrats ein willkommener Anlass, Augstein aus dem Verkehr zu ziehen und den »Spiegel« zu ruinieren. Doch dank der Unterstützung der Presse und durch den Protest einer breiten Öffentlichkeit hält das Blatt durch und geht am Ende gestärkt aus der Krise hervor. Vor dem Hintergrund der Affäre bezeichnet Augstein die Position seines Nachrichtenmagazins als »liberal, im Zweifel links« und gewinnt eine neue Leserschaft. Eine ganze Generation kritischer Köpfe liest nun allwöchentlich den »Spiegel«, der innerhalb kurzer Zeit sogar seine Auflage von 500000 Exemplaren verdoppeln kann. Nach dem Rücktritt von Strauß werden die Redakteure aus der Untersuchungshaft entlassen, zuletzt Augstein nach 103 Tagen und um 15 Pfund leichter. Zu einem Verfahren kommt es nicht, denn die Spiegel-Mitarbeiter legen dem Bundesanwalt 34960 Zeitungsaus-

schnitte und 8731 Seiten aus Fachzeitschriften vor, in denen bereits über »Fallex 62« in irgendeiner Weise berichtet worden war. Von Landesverrat also keine Spur.

Trotz aller negativen Aspekte wird die Affäre zu einem echten Meilenstein in der Geschichte der Bundesrepublik Deutschland und führt letzten Endes zur Stärkung ihrer Demokratie. Viele Menschen zeigen sich erleichtert, dass staatliche Eingriffe in die Pressefreiheit nicht toleriert werden. Es wird deutlich, wie unverzichtbar eine freie, unabhängige Presse als »vierte Gewalt« ist, da sie eine wichtige Kontrollfunktion ausübt und Verfehlungen von Politikern und anderen Verantwortlichen öffentlich macht. Rückblickend stellt Rudolf Augstein fest: »Mit der Spiegel-Affäre ging die Nachkriegszeit zu Ende, das patriarchalisch-katholische Regime war zu Ende. Die Ära Adenauer war vorbei.« Einen öffentlichen Protest in diesen Dimensionen hat es bis zu diesem Zeitpunkt in Deutschland nicht gegeben. Und noch etwas ist neu: Der Erfolg der Aktionen zeigt den Bürgern, dass sie mit Protest auch etwas erreichen können.

Rudolf Augstein

DEINE MEINUNG

Ist Pressefreiheit unser höchstes Gut?

» Wir leben in einem freien Land. Jeder darf öffentlich alles sagen. In unserer Schülerzeitung gab es einen Artikel über das Coming-out von Lehrern und ein Interview mit einem Theologen dazu.

Als der Direktor unserer Schule – ein katholischer Religionslehrer – davon erfuhr, zwinkerte er mir zu: »Du Schaumschläger!«

Ausgerechnet der Werler Anzeiger, ein lokales Käseblatt, hatte für unsere Provokation wenig Verständnis: »Plattheiten«, zerriss ein Redakteur unseren Artikel und forderte den Boykott unserer Zeitung. Das hat zum Glück nicht geklappt.

Es ist das gute Recht der Presse, Tabus anzukratzen. Dürfte sie das nicht, gäbe es wohl weder die Emanzipation der Frau noch die deutsche Demokratie. Man sollte niemandem den Mund verbieten. Meinungsvielfalt ist erquickend und Pressefreiheit nutzlos ohne kuriose Auffassungen. Das ist meine Meinung. Widerspruch erlaubt.

Julian Kirchherr, 19, Student

» Kanzlerin Angie beim Umkleiden am Strand, Caroline von Hannover beim Schaufensterbummel, der Tortitan Kahn beim Spaziergang in Saint Tropez.

Wenn uns die Götter des Boulevard-Olymps bunt die neuesten alltäglichen Eskapaden der Stars und Politiker präsentieren, werden immer wieder Grenzen überschritten. Es kann doch nicht im öffentlichen Informationsinteresse der Deutschen liegen, Prinz Willem-Alexander beim Nasebohren abzulichten. Maximal wissen wir dann, dass auch absolute Personen der Zeitgeschichte voll normal sind.

Jeder Mensch hat gemäß unserer Grundrechte ein Recht auf Privatsphäre und auf den Schutz seiner Persönlichkeit – ganz egal, ob er eine Person der Öffentlichkeit ist oder eben nicht.

Und außerdem, jetzt mal ganz ehrlich, diese boulevardeske Berichterstattung grenzt doch schon an Rezipientenverdummung.

Doreen Zimmermann, 21, Studentin

»ICH BIN EIN BERLINER.«

Was für ein Präsident!

John F. Kennedy

Endlich tritt er vor das Mikrofon. Sofort erklingen »Ken-ne-dy! Kenne-dy!«-Rufe. Wer jetzt noch zum Schöneberger Rathaus gelangen will, hat keine Chance. Bis in die angrenzenden Straßen hinein drängeln sich mehr als 500 000 Menschen auf dem Rudolph-Wilde-Platz vor dem Rathaus. Selbst in den Fenstern und auf den Balkonen der umliegenden Gebäude ist kein Platz mehr frei. Der erst 47-jährige Präsident wirkt neben dem 87-jährigen Bundeskanzler Konrad Adenauer (1876–1967) noch jünger. Ein Mann aus einer anderen Zeit und einer anderen Welt. Ein selbstbewusster Siegertyp, der in den Augen der Bürger die Kubakrise gemeistert und Nikita Chruschtschow (1894–1971) in die Schranken gewiesen hat. Ein blendend aussehender Frauentyp, für den Marilyn Monroe (1926–1962) im Madison Square Garden in einem engen, hautfarbenen Kleid »Happy Birthday, Mr. President« gehaucht hat. Ein Mann mit Ausstrahlung eben. So steht es auch in allen Zeitungen und Illustrierten. Immer wieder gelingt es ihm, Schauspieler und andere Stars von den Titelseiten zu verdrängen. Umfragen ergeben, dass ihn eine klare Mehrheit der Deutschen zum Kanzler wählen würde, wäre es denn möglich.

»Meine lieben Berliner und Berlinerinnen, ich bin stolz, heute in ihre Stadt zu kommen«, beginnt John F. Kennedy (1917–1963) seine Rede auf Englisch am 26. Juni 1963. Zunächst richtet er Worte der Anerkennung an Adenauer und Willy Brandt (1913–1992), den Regierenden Bürgermeister von Berlin, lobt Lucius D. Clay (1897–1978), der die Berliner Luftbrücke möglich gemacht hat. Und lobt die Berliner, wie es noch nie jemand getan hat: »Vor 2000 Jahren war der stolzeste Satz eines Menschen: Ich bin ein Bürger Roms. Heute, in der freien Welt, ist der stolzeste Satz: Ich bin ein Berliner.« Die letzten Worte sagt er auf Deutsch. Sein Dolmetscher hatte ihm die richtige Aussprache eigens auf eine Karte geschrieben: Ish bin ein Bearleener. Der Satz schlägt ein wie eine Bombe. Beifall brandet auf. Einige Menschen haben Tränen in den Augen.

Kubakrise: Kennedy und Chruschtschow ringen um den Sieg.

Dekoriertes Schaufenster zum
Staatsempfang Kennedys

Es folgt eine klare Kritik Kennedys an der Berliner Mauer, die für ihn »die abscheulichste und stärkste Demonstration für das Versagen des kommunistischen Systems« darstellt. Seine Rede endet mit der Wiederholung des deutschen Satzes: »Alle freien Menschen, wo immer sie leben mögen, sind Bürger Westberlins, und deshalb bin ich als freier Mensch stolz darauf, sagen zu können: Ich bin ein Berliner.« Arme fliegen in die Luft. Fahnen und Tücher werden geschwenkt. Die Menge applaudiert minutenlang und jubelt erleichtert. Jetzt scheint alles klar: Jetzt kann ihnen der Kalte Krieg nichts mehr anhaben. Nicht mit diesem Mann, der sich als einer von ihnen sieht. Wer immer den Status von Westberlin angreifen sollte, wird es mit dem amerikanischen Präsidenten zu tun bekommen. John Fitzgerald Kennedy, dessen Vorfahren aus Irland stammen, verkörpert den Durchsetzungswillen und den Optimismus der USA wie kein Zweiter.

Kennedy, Hoffnungsträger in Zeiten des Kalten Kriegs

Das wird bereits im Jahr 1961 deutlich. Als am 12. April der Russe Juri Gagarin (1934–1968) als erster Mensch ins All startet und die Erde umrundet, ist der Westen geschockt. Am 5. Mai folgt der Amerikaner Alan Shepard (1923–1998) als zweiter Raumfahrer, es reicht jedoch nur

101

Mondlandung der Amerikaner: Kampf um die Vorherrschaft im All

für einen Kurvenflug ohne Erdumkreisung. Die Russen bleiben technisch überlegen. Trotzdem hält Kennedy drei Wochen später eine leidenschaftliche Rede vor dem amerikanischen Kongress, in der er verkündet, noch in diesem Jahrzehnt »einen Menschen auf dem Mond landen zu lassen und ihn wieder sicher zur Erde zurückzubringen«. Hätte ein anderer Politiker dieses riskante Versprechen gegeben, hätten viele Menschen den Kopf geschüttelt. Nicht so bei Kennedy. Ihm gehört die Zukunft.

Das Ende der Ära Adenauer

Der Mann, der links neben Kennedy auf der Tribüne vor dem Schöneberger Rathaus steht, hat dagegen keine politische Zukunft mehr. Nach dem Ende der Spiegel-Affäre und der damit verbundenen Regierungskrise stimmt die FDP einer Fortsetzung der Koalition mit der CDU nur unter zwei Bedingungen zu: Franz Josef Strauß (1915–1988) soll als Verteidigungsminister zurücktreten. Adenauer muss seinen Rücktritt für den Herbst 1963 ankündigen. Als der Bundeskanzler der Bundesrepublik neben den amerikanischen Präsidenten tritt, hat er noch gut drei Monate in seinem Amt vor sich. Neuer Kanzler soll Wirtschaftsminister Ludwig Erhard (1897–1977) werden, ein Mann, dessen außenpolitischen Fähigkeiten Adenauer misstraut. Doch sein Nachfolger steht bereits fest.

Ludwig Erhard folgt Adenauer im Amt nach

In Westberlin erhält Adenauer an jenem Tag im Juni auch nur bescheidenen Beifall. Die meisten schätzen ihn zwar als ersten deutschen Bundeskanzler, der wichtige Schritte für die Demokratie durchgesetzt hat. Doch viele seiner Vorstellungen sind von einem patriarchalischen und autoritären Staatsverständnis geprägt – ein Verständnis, das zum vorwärtsgewandten Denken der jungen Bundesrepublik nicht mehr passt. Unbegreiflich ist den Menschen vor allem eines: Adenauers Zögern und seine Unentschlossenheit nach dem Beginn des Mauerbaus am 13. August 1961. Noch in derselben Woche fliegt US-Vizepräsident Lyndon B. Johnson (1908–1973) nach Westberlin, um den völlig verunsicherten Bürgern die

27.8.1963 Der Dresdner »Zwinger« ist wieder aufgebaut · **1963** Manuela landet in der Bundesrepublik den Hit d

Benn

Unterstützung durch die USA zu demonstrieren. Ihm folgen 1500 amerikanische Soldaten, die die Truppen vor Ort verstärken sollen. Adenauer aber wartet ab. Erst am 22. August besucht er die geteilte Stadt, viel zu spät in den Augen der Berliner. Das Zögern des Kanzlers wird Thema im Wahlkampf, den die FDP unter dem Slogan »Mit der CDU, aber ohne Adenauer« führt. Am 17. September erreicht sie damit 12,8 %, während die CDU/CSU ihre absolute Mehrheit verliert. Das Ende der Ära Adenauer ist abzusehen.

Auch die SPD legt bei den Wahlen zu. Ihr Kanzlerkandidat heißt Willy Brandt, der sich um die Zustimmung der Westberliner keine Sorgen zu machen braucht. Seit 1957 ist er ihr Regierender Bürgermeister und hat der SPD bei der letzten Wahl zum Berliner Abgeordnetenhaus ein Ergebnis von 52,6 % der Stimmen beschert. Im Gegensatz zu Adenauer appelliert Brandt am Tag des Mauerbaus umgehend an die westlichen Siegermächte, alles politisch Machbare gegen die Teilung

Ein Schild an der Berliner Mauer erinnert an Brandts Einsatz gegen die Teilung Deutschlands.

Berlins zu unternehmen. Er trifft die zuständigen Stadtkommandanten und hält eine flammende Rede gegen Walter Ulbricht (1893–1973) und die SED: »Eine Clique, die sich Regierung nennt, muss versuchen, ihre eigene Bevölkerung einzusperren. Die Betonpfeiler, der Stacheldraht, die Todesstreifen, die Wachtürme und die Maschinenpistolen, das sind die Kennzeichen eines Konzentrationslagers.« Auch wenn Brandts Aufforderung an die Alliierten nicht die gewünschte Reaktion und eine Beendigung des Mauerbaus erbrachte, spricht er dennoch unmissverständlich aus, was viele Berliner denken – im West- wie im Ostteil der Stadt.

Der deutsche Kennedy

Natürlich werden diese Worte auch in den USA vernommen. Dort ist Willy Brandt schon seit einiger Zeit ein bekannter und auch beliebter Politiker. Bereits 1958 reist er als Regierender Bürgermeister in die Staaten, um Präsident Dwight D. Eisenhower (1890–1969) zu treffen. Bei

Willy Brandt

dieser Gelegenheit lernt er auch den jungen Senator John F. Kennedy kennen. Brandt ist nur vier Jahre älter als der aufstrebende Politiker, mit dem er sich auf Anhieb versteht. Beide sind von einem längst fälligen Generationswechsel in der Politik überzeugt. Auch die amerikanische Presse ist begeistert vom jungen Bürgermeister jener Stadt, die als Symbol des Kalten Kriegs und des Widerstands gegen den Kommunismus gilt. Eines freut die Presse ganz besonders: Im Gegensatz zu fast allen anderen deutschen Politikern spricht Brandt fließend Englisch. Er ist redegewandt, sympathisch und fotogen. Am Ende folgt sogar eine Einladung ins Studio der landesweit ausgestrahlten Topsendung »Face the Nation«.

Brandt gilt als entschlossener Antikommunist, was in den USA von großer Bedeutung ist. Außerdem haftet ihm keine belastende NS-Vergangenheit an: 1933 emigriert er als Widerstandskämpfer erst nach Norwegen, später nach Schweden. Erst dort legt er sich den Deckna-

Prof. Dr. Andreas Wirsching
Lehrstuhl für Neuere und Neueste Geschichte,
Universität Augsburg

Steffen Seibert fragt:

»Was steckt hinter dem Erfolgsrezept von Kennedy und Brandt?«

Prof. Wirsching, was macht das Charisma von Politikern wie Kennedy und Brandt aus?
Als Charisma bezeichnet man eine als »außeralltäglich« geltende Ausstrahlungskraft einer Persönlichkeit. Kennedy und Brandt zeichnet es aus, dass sie eine solche Eigenschaft in der und für die Demokratie eingesetzt haben. Unterstützt von modernen Medien- und Werbetechniken, entwickelten sie einen Politikstil, der den Bürgern Nähe und positive Menschlichkeit, Hoffnung und Aufbruchstimmung vermittelte.

Wie wurde Kennedys Rede von den Bürgern Ostberlins aufgenommen?
Unterschiedlich. Nicht wenige blieben gleichgültig, andere aber teilten die Begeisterung der Westberliner. Manche erhofften sich sogar eine Bewegung an der innerdeutschen Grenze. Für die Bedeutung des Ereignisses spricht auch, dass die SED-Führung einen »Gegenbesuch« des sowjetischen Parteichefs Chruschtschow für erforderlich hielt und ihn entsprechend öffentlichkeitswirksam zu inszenieren suchte.

Wie wichtig ist Ihrer Meinung nach der Faktor »Emotion« in der Politik?
Politik ist kaum jemals nur »rational«. Emotionen spielen stets eine wichtige Rolle. Den erfolgreichen demokratischen Politiker zeichnet es aus, dass er die Emotionen seiner Wähler erkennt und in seine Überlegungen mit einbezieht, ohne dass er sein Verhalten von ihnen abhängig macht.

men Willy Brandt zu. Eigentlich heißt der gebürtige Lübecker Herbert Ernst Karl Frahm. Seine politischen Gegner in Deutschland versuchen immer wieder, seine Emigration während des Dritten Reiches negativ darzustellen. Im Ausland jedoch ist gerade seine Haltung gegenüber dem NS-Regime ein Pluspunkt. Und noch etwas spricht aus amerikanischer Sicht für ihn: Während Adenauer Europa im Blickpunkt hat und in Frankreich den wichtigsten Partner sieht, stehen für Brandt die USA an erster Stelle. Nach seiner Abreise sprechen amerikanische Journalisten von einem »Triumph«, der auch in der Bundesrepublik wahrgenommen wird. »Brandt beeindruckt Amerika«, titeln deutsche Zeitungen.

De Gaulle begrüßt Adenauer in Paris.

Im Januar 1961 wird John F. Kennedy zum neuen amerikanischen Präsidenten gewählt. Keine zwei Monate später empfängt er Brandt im Weißen Haus in Washington. Lachend bietet Kennedy ihm einen Platz direkt neben seinem Präsidentensessel an. »Die beiden wirken wie alte Kumpane aus dem gleichen Klub«, kommentiert ein deutscher Journalist. In amerikanischen Zeitungen wird bereits darüber spekuliert, ob Brandt nicht ein geeigneter Nachfolger für Adenauer sei. Der Bundeskanzler selbst fliegt Anfang April 1961 nach Washington. Der Altersunterschied zwischen ihm und dem jungen Präsidenten Kennedy erscheint jedoch wie ein unüberwindbares Hindernis.

Viel enger fühlt sich Adenauer dagegen mit dem französischen Präsidenten Charles de Gaulle (1890–1970) verbunden. Im Januar unterzeichnen beide in Paris den deutsch-französischen Freundschaftsvertrag, auch Élysée-Vertrag genannt. Das Abkommen legt eine engere Zusammenarbeit in wichtigen Bereichen der Außenpolitik sowie der Sicherheits-, Kultur- und Jugendpolitik fest. Von nun ab rücken die beiden Länder immer enger zusammen. Zudem ist der Vertrag ein wichtiger Schritt auf dem Weg zur europäischen Einigung. Ein starkes Europa bedeutet jedoch gleichzeitig, dass der Einfluss der USA abgeschwächt wird. Ein weiterer Grund für Kennedy auf Brandt zu setzen.

Élysée-Vertrag: Förderung der deutsch-französischen Beziehungen

105

In der Zwischenzeit nutzt die SPD Brandts Ansehen in den USA für den Bundestagswahlkampf. Da Kennedy auch in der Bundesrepublik sehr beliebt ist und als Hoffnungsträger gilt, bekommt Brandt den Beinamen »deutscher Kennedy«. Zwar kann er Adenauer nicht ablösen, gewinnt aber bundespolitisch immer mehr an Bedeutung. Nach der Bundestagswahl wird Brandt zum Parteivorsitzenden gewählt. In Berlin ist er ohnehin die Nummer eins. Bei den Wahlen zum Abgeordnetenhaus 1963 erzielt die SPD traumhafte 61,9 %, während die CDU auf 28,8 % zurückfällt. Nach seiner Rede vor dem Schöneberger Rathaus trägt sich Kennedy ins goldene Buch der Stadt ein und fährt zurück zum Flughafen. Auf seiner Fahrt säumen Tausende Berliner die Straßen. In keiner anderen Stadt außerhalb der USA genießen die Amerikaner und ihr Präsident ein solches Ansehen. Erst der bereits heraufziehende Vietnamkrieg und die damit verbundenen Proteste werden dieses Verhältnis verändern. Amerikas Jahre als uneingeschränktes Vorbild sind gezählt. Nachfolgenden Präsidenten wie Lyndon B. Johnson und Richard Nixon (1913–1994) sollen diese Wellen der Begeisterung nicht mehr entgegenschlagen. Als würde er diese Entwicklung ahnen, äußert Kennedy auf seinem Flug von Berlin nach Irland gegenüber einem Journalisten: »Wir werden niemals wieder einen solchen Tag wie heute erleben.«

Berliner Bürger jubeln Kennedy zu.

Chruschtschows Antwort

Die Bilder von Kennedys Rede und sein Zitat »Ich bin ein Berliner« gehen um die Welt. Die Wirkung ist so eindrucksvoll, dass sich der sowjetische Staats- und Parteichef Nikita Chruschtschow gezwungen sieht, auf den Berlinbesuch des amerikanischen Präsidenten zu reagie-

ren. Innerhalb von zwei Tagen wird nun in Ostberlin ebenfalls ein Podest errichtet. Wie Kennedy steht auch Chruschtschow vor einer jubelnden Menschenmenge, mit dem Unterschied, dass nur ein kleiner Teil tatsächlich freiwillig erschienen ist. Für einen freudigen Empfang beordert die SED-Führung die Menschen auf die Straßen. Um die Kopie des Kennedy-Besuchs perfekt zu gestalten, hält auch Chruschtschow eine Rede. So wie sich der amerikanische Präsident mit einem freien Westberlin identifiziert hat, bekennt sich der sowjetische Parteichef zur Teilung der Stadt: »Ich liebe die Mauer.« Doch während Kennedys Satz in die Geschichte eingeht, geraten Chruschtschows Worte schnell in Vergessenheit.

Nikita Chruschtschow

John F. Kennedy hat indes keine Chance, die in ihn gesetzten Hoffnungen zu erfüllen, denn er wird fast genau fünf Monate nach seinem Berlinbesuch am 22. November 1963 in Dallas ermordet. Der Rudolph-Wilde-Platz, auf dem er seine berühmte Rede gehalten hat, erhält daraufhin den Namen John-F.-Kennedy-Platz. Sechs Jahre später wählt die Bundesrepublik Willy Brandt zum Kanzler. Mit ihm wird sich der Blick und die Politik des Westens dem Osten öffnen.

KOMMENTAR

»Kennedy sprach die Freiheitsworte, auf die alle gewartet hatten«

John F. Kennedy 1963 am Schöneberger Rathaus – Barack Obama 2008 an der Siegessäule. Parallelen? Zeit und Anlass waren natürlich ganz verschieden. Kennedy kam in die frisch geteilte Stadt und sprach die Freiheitsworte, auf die alle gewartet hatten. Obama hielt eine Wahlkampfrede, da ging es für uns Deutsche im Grunde genommen um nichts. Und dennoch waren 200 000 gekommen und ließen sich mitreißen. Warum eigentlich? Weil wir offenbar eine Sehnsucht haben nach dem »guten Amerikaner«, weil weder Vietnamkrieg noch George W. Bush, weder McDonald's-Kultur noch Wall-Street-Gier es geschafft haben, viele Deutsche von ihrer grundsätzlichen Überzeugung abzubringen, dass das ein großartiges Land ist, das in seinen besten Momenten – und seinen besten Menschen – Inspiration sein kann.

»All You Need Is Love!«

25. Juni 1966 · Essen

Die Beatles kommen nach Deutschland

Beatlemania in Deutschland

Am 25. Juni hat es die Stadt Essen gepackt: Mehr als 16 000 Menschen machen sich auf den Weg zur Gruga-Halle, die meisten von ihnen Teenager. Die Jungen tragen Krawatte und Anzug, nicht selten den ihrer Konfirmation. Die Mädchen gehen in kurzen Röcken und Kleidern. Der Anmarsch zur Halle verläuft friedlich. Dennoch hat die Stadt 480 Polizisten aufgeboten, um gegen mögliche Randalierer vorzugehen. Sogar Wasserwerfer stehen für den Fall einer Eskalation bereit. Entsprechend ernst sind die Gesichter der Polizisten, einige schütteln den Kopf über den sonderbaren Pilgerzug. Die Gesichter der Jugendlichen strahlen, als sie die Halle erreichen. Riesige Plakate preisen die Bravo-Beatles-Blitz-Tournee an. Nur drei Städte haben das große Los gezogen: München, Essen und Hamburg. Ein Ticket kostet zwischen 15 und 20 D-Mark – für viele Teenager das Taschengeld eines halben Jahres. Trotzdem sind alle Veranstaltungen innerhalb von gut zwei Stunden ausverkauft.

480 Polizisten und Wasserwerfer stehen bereit.

Die Hamburger Vorband »The Rattles« schlägt die letzten Akkorde an. Das Publikum applaudiert artig. Endlich zitiert ein Ansager die vier Musiker aus Liverpool auf die Bühne. Sie tragen schwarze Anzüge und Frisuren, die sie längst als »Pilzköpfe« bekannt gemacht haben. Und plötzlich, als würde ein Schalter umgelegt, springen die Jugendlichen auf und steigen auf die Stühle. Ein Schreien und Kreischen setzt ein. Vor allem die weiblichen Fans sind wie entfesselt. Die Beatles stimmen »Rock'n'Roll Music« von Chuck Berry an. Doch von diesem und weite-

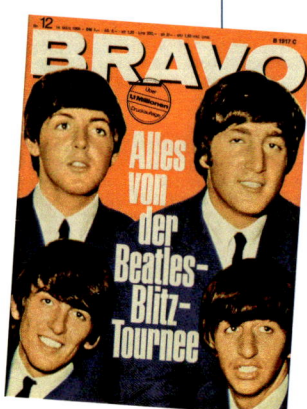

ren zehn Songs ist kaum etwas zu hören. Das Publikum übertönt »Yesterday« ebenso wie »Paperback Writer«. Einige Mädchen fallen in Ohnmacht oder tun zumindest so. »John! John!«, schreien andere mit Tränen in den Augen. Ordner und Sanitäter haben alle Hände voll zu tun. Die Gruga-Halle kocht. Für genau 30 Minuten. Dann verlassen die Beatles die Bühne, ohne eine Zugabe zu spielen. So war es am Tag zuvor in München, so ist es am folgenden Tag in Hamburg. Paul McCartney begrüßt sein Publikum auf Deutsch: »Es ist wunderschön bei Ihnen in Hamburg.« Wieder tobt der Saal. Vor der Halle werden 117 jugendliche Randalierer festgenommen. Zerschlagene Fenster-

scheiben und umgeworfene Mülltonnen liegen auf den Bürgersteigen. Passanten schimpfen. Ein Rentner brüllt: »Ihr gehört ins Arbeitslager!« Ein anderer fügt hinzu: »Geht doch nach drüben.«

Die Musik der Beatles bringt Konzertsäle zum Kochen.

Gefahr für Sitte und Moral

Doch »drüben« in der DDR führt die SED längst einen Kampf gegen die Beatmusik und die als »verderblich und zersetzend« angesehene Jugendkultur aus dem Westen. Einige Jahre hat man das Interesse der Jugendlichen geduldet. Als allerdings die Zahl der sogenannten Tanzkapellen auf über 4000 ansteigt und diese verstärkt die Musik der Beatles spielen, zieht die SED die Notbremse. Die englischen Texte erzählen von Freiheiten, die es in der DDR nicht gibt. Die Funktionäre befürchten ein Aufbegehren der Jugend wie im Westen. In Anspielung

111

Roy Black, die Gegenfigur des Beat und Rock

Lange Haare: Symbol für das Aufbegehren gegen die Elterngeneration

auf den Beatles-Song »She loves you« verkündet der Staatsratsvorsitzende Walter Ulbricht (1893–1973): »Ich denke, Genossen, mit der Monotonie des Je-Je-Je, und wie das alles heißt, ja, sollte man doch Schluss machen.« Es folgen Auftrittsverbote und Schikanen für Beatgruppen, die ihre Musik staatlichen Vorgaben anpassen müssen. In den Proberäumen aber spielen sie weiterhin die verbotenen Songs.

Auch für viele ältere Bürger im Westen sind die Auftritte der Beatles und anderer Popbands ein rotes Tuch. Die Musik aus England und den USA ist ihnen fremd. In Interviews, die Journalisten im Umfeld der Konzerte führen, werden die empörten Bürger nach ihrem eigenen musikalischen Geschmack gefragt. Viele nennen Roy Black, der im Frühjahr 1966 mit »Ganz in Weiß« einen der größten Hits des deutschen Schlagers landet und im März die Charts anführt. Über 2,5 Millionen Singles – mehr als die Beatles in diesem Jahr erreichen – werden innerhalb weniger Monate verkauft. Roy Black, mit bürgerlichem Namen Gerhard Höllerich (1943–1991), wird von den Interviewten als »anständig« und »ordentlich« beschrieben. Ein perfektes Vorbild für die Jugendlichen! Er nimmt keine Drogen und singt von einer heilen, harmonischen Welt. Vor allem fehlt ihm ein markantes Zeichen, das für das Aufbegehren von Teilen der männlichen Jugend gegen die Generation ihrer Eltern steht: die langen Haare. Sie werden immer wieder mit mangelnder Hygiene in Verbindung gebracht, die zu den Kriegserinnerungen vieler Menschen gehören. Wer sich die Haare wachsen lässt, verstößt also nicht nur gegen klassische Männlichkeitsideale, sondern stellt auch die bitteren Erfahrungen der Kriegsgeneration infrage. In der Jugend der 1960er erkennen sich viele ältere Menschen nicht mehr wieder. Ein immer deutlicher werdender Riss geht durch die Gesellschaft.

Rock 'n' Roll!

Dieser Riss hat seinen Ursprung in den USA, wo viele weiße Jugendliche schon in den 1940er-Jahren nach neuen Vorbildern und einer neuen Orientierung suchen. Sie interessieren sich verstärkt für die Musik der Afroamerikaner, für Jazz, Blues, Rhythm and Blues und für Boogie. Nur wenige Radiosender spielen diese Musik, die offiziell verpönt oder in manchen Staaten mehr oder weniger verboten ist. Zu Beginn der 1950er-Jahre besuchen trotz der Rassentrennung immer

mehr Weiße die Konzerte farbiger Musiker und fangen an, ihnen nachzueifern. Einer von ihnen ist Bill Haley (1925–1981), der Country-music mit Rhythm-and-Blues-Elementen verbindet. Ein Radiomoderator tauft diesen neuen Musikstil »Rock 'n' Roll«. Als der Haley-Titel »Rock Around the Clock« 1955 im Film »Saat der Gewalt« zu hören ist, der von einer revoltierenden Schulklasse erzählt, wird der Musiker mit einem Schlag weltbekannt.

Auch in der Bundesrepublik Deutschland landet der Titel – als einziger fremdsprachiger – ein Jahr später in den Charts und verkauft sich über eine Million Mal. Im selben Jahr kommt Haleys Film »Außer Rand und Band« in die Kinos und löst in Westdeutschland bislang nicht gekannte Krawalle von Jugendlichen aus, von »Halbstarken« und »Backfischen«, wie man sie nennt. In einigen Städten wird der Film verboten. Viele Zeitungen stufen die »schräge Musik« Haleys als »jugendgefährdend« ein. Für die Teenager jedoch wird Rock 'n' Roll zum passenden Ventil, um aus einem Alltag auszubrechen, von dem sie sich eingeengt fühlen. Sie lehnen den Leistungsdruck der Eltern-

Lässig und provokant:
Die Impulse der Jugendkultur
kommen aus den USA.

James Dean setzt Maßstäbe mit Haartolle und engen Jeans.

Die Musikindustrie sucht einen neuen Star.

generation und die starren Regeln aus längst vergangenen Zeiten ab und suchen nach einer eigenen Identität. Im Herbst 1958 geht Haley mit seiner »Kapelle«, wie es in den Ankündigungen heißt, auf Europatournee. Essen, Hamburg und Berlin stehen in Deutschland auf dem Programm. Die Veranstalter fürchten Tumulte und schicken zunächst eine Bigband auf die Bühne. Das junge Publikum will jedoch wilden Rock 'n' Roll hören, keinen braven Swing. In allen drei Städten fühlen sich die Haley-Fans betrogen. Aus Diskussionen mit Sicherheitskräften werden Schlägereien. Stühle fliegen, Musikinstrumente werden zerschlagen. In Berlin muss die Veranstaltung abgebrochen werden. Das Publikum demoliert den ganzen Saal. Rock 'n' Roll wird für viele Bürger zum Schreckgespenst, zu einer Bedrohung für Sitte und Moral.

Bill Haley macht zwar die neue Musik populär, doch am Ende fehlt ihm das Zeug zum Idol. Fieberhaft sucht die Musikindustrie nach einem neuen Rock-'n'-Roll-Star. Der amerikanische Produzent Sam Phillips (1923–2003) hat den richtigen Riecher und schickt seine Entdeckung Elvis Presley (1935–1977) ins Rennen. 1955 landet der junge Elektriker aus Memphis, Tennessee, mit »Heartbreak Hotel« seinen ersten großen Erfolg. Zwei Jahre lang bringt er nun einen Hit nach dem andern heraus und zieht an Bill Haley vorbei. Nicht nur in den USA, auch in Deutschland wird Elvis als »King of Rock 'n' Roll« vom jugendlichen Publikum enthusiastisch gefeiert. Besonders sein Hüftschwung versetzt seine Fans in Ekstase. Viele Ältere sehen in diesem Showelement eine anstößige Geste. Lange weigern sich Fernsehsender, das neue Idol auftreten zu lassen, bevor seine Fangemeinde so groß wird, dass sie nachgeben müssen. Auch in Deutschland stürmt Elvis die Hitparaden und trifft am 1. Oktober 1958 höchstpersönlich in Bremerhaven ein. Allerdings nicht, um Konzerte zu geben, sondern um seinen Militärdienst abzuleisten. Unzählige Fans erwarten Elvis im Hafen und verfolgen seinen Aufenthalt. Statt Schlager kann man im Radio nun immer häufiger Rock-'n'-Roll-Songs hören. Klubs werden gegründet, in

denen die neue Musik aus den USA gespielt wird. Innerhalb weniger Jahre ist der Rock'n'Roll zusammen mit Coca Cola, engen Jeans, Haartolle und Vesparoller zum festen Bestandteil der bundesrepublikanischen Jugendkultur geworden.

Deutsche Musikproduzenten wittern schnell das große Geschäft, das der Rock-'n'-Roll-Boom verspricht. Sie setzen 1956 auf den erst 17-jährigen Münchner Peter Kraus (*1939). In nur vier Jahren verkauft er 12 Millionen Platten und wird lange Zeit als »deutscher Elvis« umschwärmt. Dabei sind seine Songs harmloser, sein Auftreten ohne rebellische Botschaft. Deutlich aggressiver wirkt Ted Herold (*1942), der 1958 seine ersten Platten aufnimmt, vor allem deutsche Versionen von Presley-Titeln. Einige seiner eigenen Songs, etwa »Ich bin ein Mann«, sind für damalige Verhältnisse so provokant, dass sie von den deutschen Rundfunkanstalten nicht gespielt werden. Die Teenager aber stürmen in seine Konzerte und in die von Peter Kraus. Rock'n'Roll ist nicht länger eine rein amerikanische Domäne.

Während in der Bundesrepublik die Geschäfte mit dem Taschengeld der Nachkriegsgeneration blühen, versucht die DDR, den Trend aufzuhalten. Die Tanzlehrer Christa und Helmut Seifert erfinden 1959

Elvis Presley

DEINE MEINUNG

Fankult – Hype oder Horror?

» Die Realität ist karg, grau und schroff. Sie ist besonders für junge Menschen sehr häufig unerträglich. Wer führt uns aus dem Tal der Jugendmelancholie heraus? Unsere Lehrer, Eltern oder Sporttrainer? Punktuell geht das vielleicht, aber ohne eine funktionierende Musikindustrie funktioniert hier gar nichts!

Wir brauchen die Kunstfiguren, die plastikhafte, quietschbunte, verdammt laute Bühne der Rock-, Pop- und Hip-Hop-Stars. Sie sind für uns da. Immer. Sie sind im Computer, Radio, MP3-Player oder auf dem durch den Bus schallenden Handy. Sie sind unsere Helden, unsere Anker, unsere Rettung. Wer den Stars und Sternchen dieser Erde vorwirft, sie seien nur unrealistische Kunstfiguren, hat damit recht. Das ist auch gut so. Sie zeigen ein Ideal, einen utopischen Traum. Und genau den braucht man als Jugendlicher.

Robert Stark, 19, FSJler

» Alle Jahre wieder dudeln sich verschiedenste Boy- und Girlgroups durch die deutschen Charts. Sind die wirklich so verschieden? Hat nicht jede Boygroup einen blonden smarten und einen südländisch angehauchten Sänger? Und mal ganz ehrlich, klingen die zusammengecasteten Chartstürmer von heute wirklich anders, geschweige denn besser, als deren Vorgänger?

Ich finde den ganzen Hype um ein paar sich ähnelnde Idole geradezu lächerlich! Muss denn bei jedem Konzert so laut und schrill gekreischt werden, dass von der eigentlichen Musik überhaupt nichts mehr ankommt? Und was ist überhaupt entscheidend bei einem Casting? Die Stimme oder ein gut zu vermarktendes Aussehen? Bei den Beatles kann ich die Hysterie ja noch verstehen, aber sonst gibt es abseits des Mainstreams doch meist viel Besseres für die Ohren.

Felix Huesmann, 16, Schüler

Der »Lipsi«:
DDR-Gesellschaftstanz in
staatlichem Auftrag

Die Rolling Stones

im staatlichen Auftrag den Lipsi. Der biedere Tanz im 6/4-Takt soll
die gefährlichen amerikanischen Rhythmen verdrängen, was ihm
allerdings nur sehr bedingt gelingt. Denn westliche Radiosender und
aus der Bundesrepublik geschmuggelte Schallplatten sorgen dafür,
dass jeder Rock-'n'-Roll-Hit auch in der DDR bekannt wird. Viele Jugendliche besorgen sich eine Jeans aus dem Westen oder lassen sie
sich von Verwandten in die DDR schicken – obwohl die SED die Mode
als »westliche Unkultur« bezeichnet und ihre Träger als »Nieten in
Nietenhosen« verpönt. Erst ab 1974 wird die Jeans endlich in der DDR
akzeptiert und auch produziert. Offiziell heißt sie dort »Doppelkapp-
nahthose«.

I Can't Get No Satisfaction

Für viele Jahre ist Elvis Presley das bestimmende Idol der westlichen
Jugend. »Ohne Elvis hätte es die Beatles nicht gegeben«, erklärt John
Lennon (1940–1980). Erst seine Erfolge machen die Musikindustrie
und die Medien auf eine Zielgruppe aufmerksam, die bislang nicht
ernst genommen wurde. Als 1962 die erste Platte der Beatles erscheint, ist der Boden also längst bereitet. Fernsehauftritte und
internationale Tourneen sind selbstverständlich. Nicht der nationale
Markt ist das Ziel, sondern der Weltmarkt. Andere Gruppen folgen,
darunter die Rolling Stones, die 1965 mit »(I Can't Get No) Satis-
faction« einen Welthit landen und zugleich das Lebensgefühl ihrer
Generation in nur wenigen Sätzen zum Ausdruck bringen. Viele der
neuen englischen Bands sind extremer und aufmüpfiger als die
Beatles. Ihre Konzerte werden in Deutschland als »Urknall« empfun-
den. Dieses Mal will die junge Generation mehr als nur gegen gesellschaftliche Konventionen revoltieren, ihr Aufbegehren wird zunehmend politischer. Die Musik wird zu einem wichtigen Teil der
aufkeimenden Studentenbewegung und der Gegenkultur. Wer lange
Haare trägt und Rockmusik hört, sieht sich bald einer Bewegung
zugehörig, die die Politik und Gesellschaft der Bundesrepublik verändern will.

Welch explosive Kraft Rockmusik hat, wird auch von der DDR-Führung
erkannt. Als es 1965 bei einem Auftritt der Rolling Stones in der Westberliner Waldbühne zu Krawallen kommt, werden zahlreiche »Gitar-

116

 wird nach 20 Jahren aus der Haft entlassen · **15.11.1966** Die Produktion des legendären Wartburg Typ 353

rengruppen«, wie Beat- und Rockbands in der DDR heißen, vorsichtshalber verboten. In Leipzig gleich 54, darunter die landesweit bekannte Band »The Butlers«. Auch die Berliner »Sputniks«, die »Beatles der DDR«, müssen sich auflösen. In Leipzig demonstrieren mehr als 2000 Jugendliche gegen das Verbot. Die Regierung greift hart durch und lässt 267 Jugendliche verhaften. 97 von ihnen landen dort, wo auch manche Politiker der Bundesrepublik die westdeutschen Rockfans gerne sehen würde: beim Arbeitseinsatz.

Demos gegen Musikverbote in Leipzig

Während in der DDR der Boom vorerst gebremst ist, kommt es in Westdeutschland zu einer wahren Gründungswelle von Pop- und Rockbands. Bei heutigen Konzerten gibt es zwar keine extremen Saalschlachten und ausufernde Tumulte mehr, doch mitreißen lässt sich das jugendliche Publikum nach wie vor. Auf den Konzerten der deutschen Band »Tokio Hotel« kreischen und toben die Zuschauer noch immer. Und die euphorischen »Bill! Bill!«-Schreie der begeisterten Fans lassen erahnen, was Beatlemania vor 40 Jahren bedeutet hat.

KOMMENTAR

»Musik ist der Soundtrack zum eigenen Leben«

Rock-'n'-Roll-Fieber, Beatlemania – damals waren wenigstens die Fronten noch klar. Drinnen im Saal die kreischende, Stühle werfende Jugend, draußen davor kopfschüttelnd die Eltern. Sag mir keiner, es sei ein Fortschritt, dass heute total verständnisvolle Eltern mit ihren »Kids« gemeinsam zu Justin Timberlake gehen. Musik ist der Soundtrack zum eigenen Leben, und wenn der bei einem 15-Jährigen genauso klingt wie bei seinem 45-jährigen Vater, dann sind mir beide verdächtig. Als ich Teenager in Hannover war, in den 70er-Jahren, standen zur Wahl: der Punk von Sham 69, Seite an Seite mit den englischen Soldaten, die damals in die örtlichen Klubs kamen, oder Roxy Music, Bryan Ferry, unerreichbar lässig im Anzug, der Erste, der mir klargemacht hat, dass Haltung etwas Wichtiges sein könnte. Zum Punk fehlte mir die Wut, wohl auch der Mut, also habe ich versucht, den Provinz-Ferry zu gegeben. Lächerlich, vielleicht, aber für mich damals lebensnotwendig.

»Bitte, bitte, nicht schießen!«

Der Demonstrant Benno Ohnesorg
wird tödlich getroffen

Proteste gegen den Schah

Opfer der Demonstration:
der schwer verletzte Benno
Ohnesorg

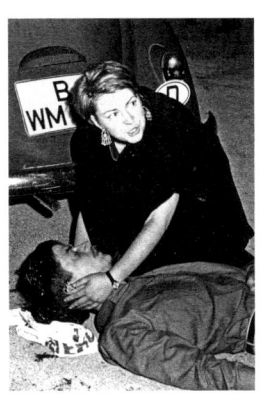

Der Schah besucht Berlin

Studenten rennen durch die Straßen. Einige rufen noch immer: »Schah, Schah, Scharlatan!« Andere suchen in Hauseingängen Schutz. Polizisten mit Schlagstöcken und Polizisten in Zivil folgen ihnen. Immer wieder umzingeln sie kleinere Gruppen und schlagen auf sie ein. Bis in die abgelegensten Ecken setzen sie den Demonstranten nach. »Fuchsjagd« heißt dieses Vorgehen im Polizeijargon. Während Schah Reza Pahlewi (1919–1980) in der Deutschen Oper zusammen mit seinem Gastgeber Bundespräsident Heinrich Lübke (1894–1972) Mozarts »Zauberflöte« genießt, hallen draußen Parolen und Schreie durch die Straßen.

Wieder versuchen ein paar flüchtende Studenten, sich in einem Hinterhof zu verstecken. Doch etwa zehn Polizisten mit erhobenen Gummiknüppeln sind ihnen auf der Spur. Erneut hört man Schreie. Gleich mehrere Reporter folgen ihnen. Denn die Proteste gegen den Schah sind das bestimmende Thema. Mit einem derart harten Polizeieinsatz hatten sie allerdings nicht gerechnet. Als die Journalisten den Hinterhof erreichen, kommen ihnen verletzte Studenten entgegen. Einem aber ist die Flucht nicht gelungen. Es ist der 26-jährige Germanist Benno Ohnesorg (1940–1967). Er reißt die Hände über den Kopf und

120

geht in die Knie. »Bitte, bitte, nicht schießen!«, hören die Flüchtenden und die Reporter, bevor ein Schuss fällt. Am Hinterkopf getroffen sackt Benno Ohnesorg langsam in sich zusammen und bleibt liegen. Die Journalisten drücken sofort auf die Auslöser ihrer Kameras. Ein Uniformierter stellt sich ihnen entgegen. Dennoch zeigen spätere Fotos den Schützen: Karl-Heinz Kurras (*1927), ein Zivilbeamter des Staatsschutzes, steht vor dem schwer Verwundeten, von dem die knüppelnden Uniformierten erst jetzt ablassen. Benno Ohnesorg stirbt kurz darauf auf dem Weg ins Krankenhaus.

Für die Boulevardpresse, in Berlin hauptsächlich vertreten durch die Bild-Zeitung und die »Berliner Zeitung«, ist der Fall klar: Schuld am Tod des Studenten und an den Ausschreitungen sind ausschließlich »linksradikale Demonstranten und Krawallmacher«. Dass Kurras nur in Notwehr gehandelt haben kann, steht für sie außer Frage. Darüber hinaus stellen sie Ohnesorg als einen der Anführer der Proteste hin. Dabei ist es die erste Demonstration, an der der Student überhaupt teilnimmt. Dazu hat ihn ein Buch über den Schah bewogen. Ein Buch, das ein kritisches Bild des persischen Diktators entwirft. Anders als in den deutschen Boulevardblättern: Dort stehen der exklusive Lebensstil des Monarchen und die Kleider seiner Frau Farah Diba im Vordergrund. Ausführlich wird von luxuriösen Partys für die oberen Zehntausend berichtet, die Millionen verschlingen. Ohnesorg aber liest über die Hungersnot und die Missachtung der Menschenrechte in Persien. Und über die mehr als 25 000 inhaftierten Oppositionellen, über die Foltermethoden des berüchtigten Geheimdienstes SAVAK und über die zahllosen Todesurteile, die ohne Gerichtsprozesse gefällt werden. Deshalb macht er sich am Abend des 2. Juni 1967 auf den Weg zu den rund 400 Demonstranten, die vor der Oper auf den Staatsgast warten. Doch nicht nur die Schahgegner sind anwesend, sondern auch etwa 50 eigens eingeflogene Perser, von denen viele dem SAVAK angehören. Sie sind mit langen Schlagstöcken ausgerüstet, mit denen sie rücksichtslos auf die Demonstranten einschlagen, während die Polizei abwartet. Erst als die »Prügelperser«, wie die Presse sie später tauft, von der Menge ablassen, schlagen die deutschen Uniformierten zu.

Die Boulevardpresse urteilt: »linksradikale Krawallmacher«

Luxuriöser Lebensstil des Schahs: drastischer Widerspruch zur Not des persischen Volks

121

Rudi Dutschke

Der Vietnamkrieg fordert auch unter Kindern zahlreiche Opfer.

Rudi Dutschke, SDS und APO

Aufgerufen zur Protestveranstaltung hat der SDS, der bundesweit aktive »Sozialistische Deutsche Studentenbund«, dem in Berlin rund 160 Studenten angehören. Wortführer des SDS in Berlin ist Rudi Dutschke (1940–1979), der kurz vor dem Bau der Mauer aus Luckenwalde nach Westberlin kommt, um zu studieren. In der DDR wird ihm das Studium verwehrt, da er seit Schülertagen das dortige System ablehnt und den Wehrdienst in der Nationalen Volksarmee (NVA) verweigert. Im regelmäßig beschworenen Antifaschismus der SED sieht er nur einen ideologischen Schachzug, der eine Auseinandersetzung mit dem Nationalsozialismus verhindern soll. Diese hält der angehende Soziologe aber für dringend erforderlich, und das im Osten wie im Westen. Seine Ansicht teilen viele Studenten seiner Generation, die wissen wollen, was ihre Eltern und Großeltern während des Dritten Reiches getan haben. Oder warum sie nichts getan haben. Mit großem Interesse verfolgen sie die Auschwitz-Prozesse, die gegen Mitglieder der Lagerleitung und des Wachpersonals des ehemaligen nationalsozialistischen KZs eröffnet werden. Die zwischen 1963 und 1968 geführten Verfahren dokumentieren einerseits das Ausmaß des NS-Terrorsystems und zeigen andererseits, dass viele Verantwortliche lange Zeit unbehelligt in der Bundesrepublik leben konnten. Die junge Studentengeneration beginnt, unbequeme Fragen zu stellen. Sie will verhindern, dass jemals wieder eine faschistische Diktatur an die Macht kommt und weitere Kriege geführt werden.

Ihr Widerstand richtet sich zunächst gegen die USA, die seit 1965 auf der Seite Südvietnams gegen das kommunistische Nordvietnam Krieg führt. Da das Fernsehen täglich über diesen Krieg berichtet, ist er trotz der großen geografischen Entfernung allzeit gegenwärtig. Bilder von getöteten Zivilisten und verängstigten Kindern, die schreiend vor US-Soldaten flüchten, zeigen nicht nur in den USA eine entsprechende Wirkung. Dass sich viele Menschen diese

VIVA CHE

Bilder weitgehend teilnahmslos ansehen oder von vornherein für die USA Partei ergreifen, können Dutschke und die meisten seiner Kommilitonen nicht nachvollziehen. Sie wollen es anders machen als ihre Eltern im Dritten Reich und Widerstand gegen das von ihnen ausgemachte Unrecht leisten. Neben dem kubanischen Revolutionär Che Guevara (1928–1967) wird Ho Chi Minh (1890–1969), Präsident Nordvietnams und erfolgreicher Guerillaführer, zu ihrem erklärten Idol. Auf jeder Demonstration gegen den Vietnamkrieg ertönt daher der Schlachtruf »Ho-Ho-Ho Chi Minh!«.

Häufig reagieren die Bürger auf die Demonstrationen mit Kopfschütteln und Ablehnung. Bestärkt werden sie dabei insbesondere von den Zeitungen des Axel-Springer-Verlags. Vor allem die Bild-Zeitung beschimpft und verunglimpft die Studenten und setzt sie in abwertendem Unterton mit den Kommunisten in der DDR gleich. Das SED-System aber ist für die meisten linken Studenten keine Alternative. Am

Steffen Seibert fragt:

PROF. DR. ANDREAS WIRSCHING
Lehrstuhl für Neuere und Neueste Geschichte,
Universität Augsburg

»Warum war der Schah-Besuch politisch so brisant?«

Prof. Wirsching, warum hat die Bundesrepublik als demokratischer Staat einen Diktator wie den Schah so hofiert?

Es bestanden beträchtliche Wirtschaftsinteressen, die das westlich orientierte Persien in den Augen vieler Politiker zu einem wichtigen Partner im Nahen Osten machten. Zugleich war Schah Reza Pahlewi der wichtigste militärische Bündnispartner der USA im Nahen Osten. Vor dem Hintergrund des weltweiten Ost-West-Gegensatzes erschien es daher besonders wichtig, den Iran im westlichen Lager zu halten.

Was faszinierte die Boulevardpresse so am Schah und seiner Familie?

Reza Pahlewi war dreimal verheiratet. Seine zweite Ehe mit Soraya wurde 1958 wegen Kinderlosigkeit geschieden. Soraya war eine schöne Frau und hatte eine deutsche Mutter: Zusammen mit ihrer als tragisch empfundenen Kinderlosigkeit war bereits dies genug Stoff für die Boulevardpresse.

Warum hat die Polizei gegen die Demonstranten derart radikal durchgegriffen?

Schon seit Mitte der 60er-Jahre war das Verhältnis zwischen radikalen Studenten und der Polizei in Berlin hochgradig gespannt. Bereits in der Vergangenheit hatten die Polizeikräfte nicht immer besonnen auf die provokativen Aktionen der Studenten reagiert. Aufgrund des hohen Staatsbesuchs stieg die Nervosität, was zusammen mit der seit Jahren aufgeheizten Atmosphäre zur Eskalation führte.

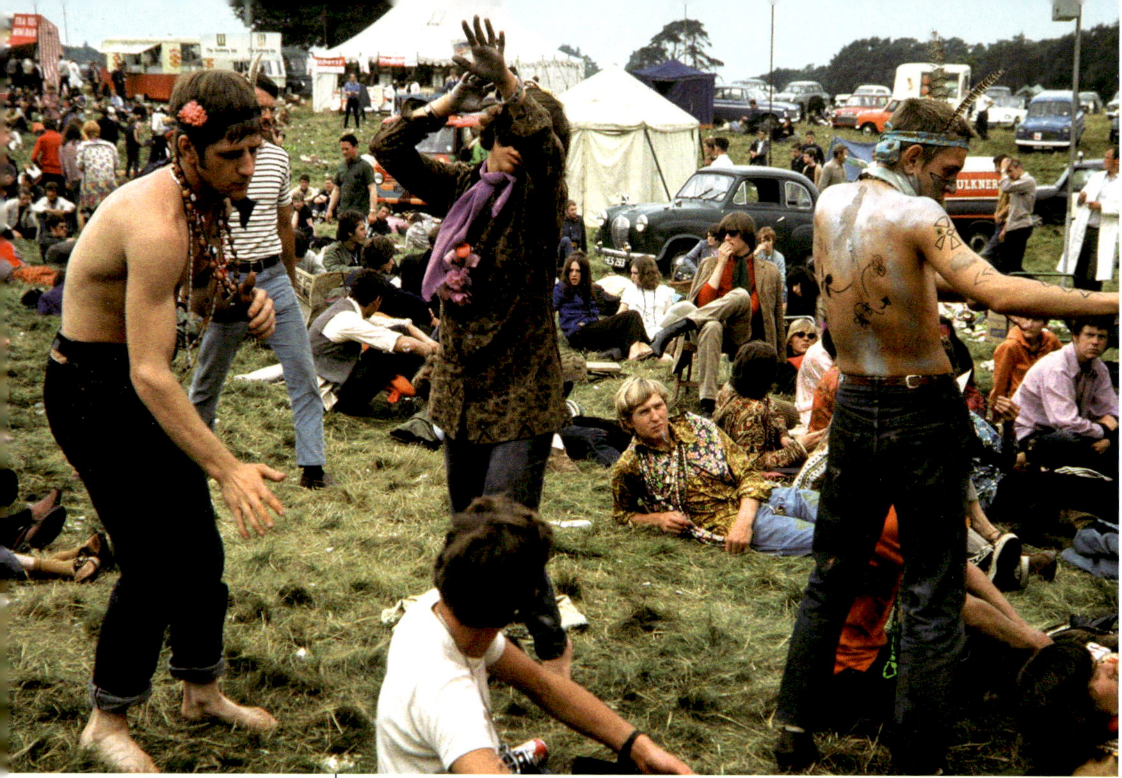

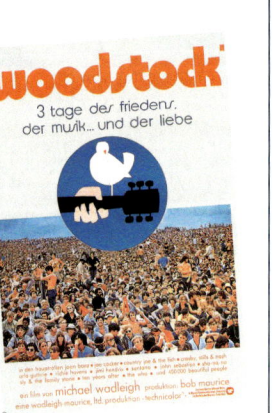

Hippies der 68er-Bewegung bei einem Musikfestival

allerwenigsten kann Rudi Dutschke dieser Sichtweise folgen, denn er hatte der DDR ja bewusst den Rücken gekehrt. Walter Ulbricht (1893–1973) gilt als »Spießer«. Sein Sozialismus ist Dutschkes Überzeugung nach falsch. Nur ein demokratischer und freiheitlicher Sozialismus kann die Gesellschaft wirklich verändern. Eine andere Lebensform, jenseits der gesellschaftlichen Zwänge, gibt es bereits seit Januar 1967 in Berlin: die Wohngemeinschaft »Kommune I«, in der auch Fritz Teufel (*1943) und Rainer Langhans (*1940) leben. Neben freier Liebe und Drogenkonsum machen sie durch provokante Aktionen auf sich aufmerksam. Signale, die die bestehende gesellschaftliche Ordnung bewusst infrage stellen.

Eine weitere Angriffsfläche bietet die Große Koalition aus CDU/CSU und SPD, die am 1. Dezember 1966 den CDU-Politiker Kurt Georg Kiesinger (1904–1988) zum neuen Kanzler wählt. Die FDP bleibt mit nur 49 Sitzen die einzige Opposition im Bundestag und findet kaum Gehör. Rudi Dutschke und die vom SDS geführte Studentenbewegung begreifen sich damit als »Außerparlamentarische Opposition« (APO) und vertreten ihre Kritik lautstark auf der Straße. Da Kiesinger außerdem Mitglied der NSDAP war, noch dazu von 1933 an, gilt seine Kar-

25.7.1968 Papst Paul VI. untersagt katholischen Frauen die Einnahme der Antibabypille · **22.8.1968** In Leipz

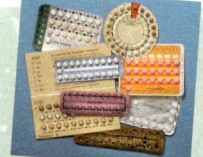

riere als Beleg für den nicht vollzogenen Neubeginn nach 1945. Als die Große Koalition das Grundgesetz ändern will, um die schon lange geplanten Notstandsgesetze verabschieden zu können, steht für die APO fest: Dieser Staat ist immer noch ein Obrigkeitsstaat. Denn im Krisenfall sollen die Notstandsgesetze dafür sorgen, wesentliche Grundrechte einzuschränken, etwa die Freizügigkeit, wie die freie Wahl des Wohnortes, oder das Post- und Fernmeldegeheimnis. Gegen diese Einschränkungen wehrt sich nicht nur die Studentengeneration, auch Gewerkschaften, FDP und andere Interessenverbände melden sich zu Wort. Die APO wächst, bleibt aber eine überschaubare Gruppe, der letztlich eine feste Verankerung in der Gesellschaft sowie die Akzeptanz bei den Arbeitern und den Gewerkschaften fehlten.

Ein Schuss verändert die Bundesrepublik

In der liberalen und bürgerlichen Presse wird der Berliner Polizeieinsatz ganz anders bewertet als in den Boulevardblättern. Die »Zeit« und die »Frankfurter Allgemeine Zeitung« verurteilen den Einsatz der Berliner Polizei, die letztendlich den Herrscher eines »halbfaschistischen Landes« schütze. Besonders heftig reagiert der bekannte Publizist Sebastian Haffner (1907–1999). Im »stern« schreibt er: »Die Polizei hat die Demonstranten nicht, wie es üblich ist, verjagt und zerstreut, sie hat das Gegenteil getan: Sie hat sie abgeschnitten, eingekesselt, zusammengedrängt und dann auf die Wehrlosen, übereinander Stolpernden, Stürzenden mit hemmungsloser Bestialität eingeknüppelt und eingetrampelt.« So sehen es auch zahlreiche Berliner Studenten, die sich am nächsten Tag auf dem Gelände der Freien Universität versammeln. Gleich 6000 protestieren gegen das Vorgehen der Polizei und den Staatsempfang für den Schah.

Günter Grass (*1927) sowie andere namhafte Intellektuelle schicken Solidaritätsbekundungen. Viele Studenten treten spontan dem SDS bei, für den sie sich bislang nur am Rande interessiert haben. Nach dem Todesschuss glauben sie den Flugblättern, die immer wieder behaupten, die Bundesrepublik sei mehr oder weniger ein faschistischer Polizeistaat.

Demonstration gegen die Springer-Presse

Publizisten und Intellektuelle melden sich zu Wort.

125

Nach dem Attentat auf Rudi Dutschke im April 1968

Der 2. Juni 1967 wird zum Wendepunkt für eine ganze Generation. »Das hat mich politisiert, radikalisiert«, erklärt Joschka Fischer (*1948), der spätere deutsche Außenminister. Die Lage verschärft sich noch, als der Todesschütze Kurras wenige Monate später von jeder Schuld freigesprochen wird. Das Gericht attestiert ihm lediglich ein »Fehlverhalten«. Das ist natürlich Wasser auf die Mühlen des SDS und der APO, die sich nun verstärkt auf ein drittes Feindbild stürzen: die Springer-Presse. Ihr geben die aufgebrachten Studenten eine Mitschuld am Tod Ohnesorgs, da die Zeitungen des Konzerns schon lange gegen die Studentenbewegung wettern. Tausende demonstrieren vor dem Springer-Hochhaus in Westberlin. Schlagzeilen wie »Stoppt den Terror der Jung-Roten jetzt!« oder »Störenfriede ausmerzen!« folgen als Antwort.

Als am 11. April 1968 ein aus der rechten Szene stammender Attentäter auf Rudi Dutschke schießt, heizt sich die Stimmung mehr und mehr auf. Diesmal wird nicht nur demonstriert, sondern auch agiert. »Wir schrien unsere Wut heraus, viele von uns warfen zum ersten Mal bedenkenlos Steine«, berichtet die Schriftstellerin Inga Buhmann. Fahrzeuge des Springer-Verlags werden in Brand gesetzt.

KOMMENTAR

»Kritisch um uns schauen und Fragen stellen«

W ie fern das alles ist, Westberlin 1967. Trotzdem geht mir der Tod des Benno Ohnesorg noch heute nah. Das war ein feiner Geist, der wollte bald Vater werden und später Lehrer – nicht Märtyrer. Ich frage mich, würde die Polizei auch heute unbewaffnete Demonstranten wie Freiwild hetzen bis zum Todesschuss? Würde auch heute ein Teil der Presse diese Menschenjagd verteidigen, ja anstacheln? Ich hoffe nein. Aber ich habe das Gefühl, wir sind es Benno Ohnesorg schuldig, nicht zu schnell zu sagen, heute sei alles besser. Sondern kritisch um uns zu schauen, Fragen zu stellen und, wenn wir Unrecht sehen, zu tun, was auch er tun wollte: friedlich protestieren, uns einmischen. Darauf bestehen, dass das unser Recht ist, und die Polizei uns dabei zu schützen hat.

Nur mit Mühe verhindert die Polizei eine Stürmung des Springer-Hochhauses. Auch in anderen Städten muss die Polizei Gebäude des Verlags schützen. Das ganze Land scheint zu kochen. Während bei den Älteren die Furcht vor einer Revolution wächst, wird sie zur Hoffnung der jungen Generation.

Der Prager Frühling

Die Proteste von Studenten und Oppositionellen erreichen 1968 ihren Höhepunkt, und das nicht nur in Deutschland. Im Mai führen die Demonstrationen und Forderungen der Pariser Studenten zu einem Generalstreik, der ganz Frankreich wochenlang lahmlegt. Auch in der Tschechoslowakei protestieren Intellektuelle und Bürger gegen das dortige System. Als am 5. Januar Alexander Dubček (1921–1992) zum Parteichef der herrschenden Kommunisten gewählt wird, stellt er sich auf die Seite des Widerstands und leitet eine umfassende Demokratisierung ein. Das Reformprogramm seiner Partei wird unter dem Namen »Prager Frühling« bekannt. Die Aussicht auf einen »Sozialis-

Prager Frühling: niedergeschlagen von Panzern des Warschauer Paktes

mus mit menschlichem Antlitz« macht nicht nur den Menschen in der Tschechoslowakei, sondern den Protestierenden in ganz Europa Mut. Doch im August 1968 wird der Prager Frühling durch Truppen des Warschauer Paktes gewaltsam niedergeschlagen. NVA-Soldaten der DDR nehmen an der Niederschlagung nicht teil. Der sowjetische Parteichef Leonid Breschnew (1907–1982) hält es für besser, dass keine deutschen Soldaten in ein Land einmarschieren, das die Nationalsozialisten 1939 besetzten. Das Scheitern des Prager Frühlings erleben viele 68er als tiefe Enttäuschung, besonders die Anhänger der bundesdeutschen APO. Die sowjetischen Panzer zer-stören ihre Hoffnung auf den Sieg des demokratischen Sozialismus – in ihren Augen die einzig wahre Alternative zwischen dem Sozialismus der DDR und dem Kapitalismus der Bundesrepublik.

Hoffnung auf einen »Sozialismus mit menschlichem Antlitz«

127

»Ich hatte plötzlich das Gefühl,
stehen reicht nicht!«

Willy Brandt kniet vor dem Mahnmal des Gettoaufstands nieder

Eine Geste mit Langzeitwirkung

Gedenkstätte im ehemaligen Warschauer Getto

Das Mahnmal für die Opfer des Warschauer Gettoaufstands steht inmitten moderner Wohnblöcke. Von dem alten Viertel, in dem zwischen 1940 und 1943 bis zu 500 000 Menschen von der SS zusammengepfercht lebten, gibt es kaum noch Spuren. Einige Reste der drei Meter hohen Mauer, mit der die SS das Getto zu einer gigantischen Todeszelle machte, sind die letzten Zeugen. Ein leichter Regen empfängt die kleine Gruppe von deutschen und polnischen Politikern, die aus den schwarzen Limousinen steigen. Begleitet werden sie von einer außergewöhnlich großen Menge an Journalisten und Fotografen. Schließlich ist dies der erste Besuch eines deutschen Bundeskanzlers in Polen. Der Abstecher zum Mahnmal stand nicht von vornherein auf dem Programm. Bundeskanzler Willy Brandt (1913–1992) hatte sich den Besuch ausdrücklich von seinen Gastgebern erbeten. Erst danach soll der Warschauer Vertrag unterzeichnet werden. Das Ritual der Kranzniederlegung läuft zunächst so ab, wie es alle erwarten. Brandt geht bis zur Skulptur in der Mitte des Denkmals. Rechts und links stehen Wachsoldaten stramm. Der Kranz wird abgelegt, der Bundeskanzler richtet die Schleifen. Die übliche Geste. Einige Fotografen wollen ihre Kameras bereits wieder in den Fototaschen verschwinden lassen. Schließlich regnet es. Doch plötzlich werden die Apparate nochmal herausgerissen. Der Kanzler kniet auf dem nassen Stein vor dem Denkmal nieder. Er legt die Hände ineinander und senkt den Kopf. Niemand sagt ein Wort. Nur die Verschlüsse der Fotoapparate klicken um die Wette. Filmkameras surren. Einige Sekunden später erhebt sich Brandt wieder und verlässt mit ernster Miene das Mahnmal. Aus dem bekannten Ritual hat er ein völlig neues gemacht.

»Unter der Last der jüngsten Geschichte tat ich, was Menschen tun, wenn die Worte versagen. So gedachte ich Millionen Ermordeter. Ich habe im Namen unseres Volkes Abbitte leisten wollen für ein millionenfaches Verbrechen, das im missbrauchten deutschen Namen verübt wurde«, erklärt der

Bundeskanzler später. Wann er die Entscheidung trifft, nicht nur den Kopf zu senken, sondern zu knien, weiß niemand. »Ich hatte plötzlich das Gefühl, stehen reicht nicht«, berichtet er seinem Staatssekretär und Berater Egon Bahr (*1922).

Auch wenn Brandt selbst davon überzeugt ist, dass seine Geste eindeutig ist, sorgt sie zunächst für Verwirrung. In Polen vermuten manche Politiker, der Kanzler wolle mit seinem Kniefall auf die kritische Haltung Polens gegenüber Israel wegen des Sechstagekriegs im Jahr 1967 hinweisen oder auf die Ausweisung von 20000 polnischen Juden in den Jahren 1968–69. Trotz der vielen Fotografen erscheint daher am nächsten Tag in keiner polnischen Zeitung ein Bild vom Kniefall. Erst Tage später sind erste Fotos zu sehen. Sie zeigen jedoch nur den Oberkörper Brandts. Die Zensur unterschlägt die Geste konsequent. Auch in Israel, den USA, Großbritannien und Frankreich verhallt das außergewöhn-

Niederschlagung des Warschauer Gettoaufstands (1943)

Steffen Seibert fragt:

PROF. DR. KRZYSZTOF RUCHNIEWICZ
Historisches Institut, Universität Wrocław

»Worin liegt die Symbolkraft von Brandts Geste?«

Prof. Ruchniewicz, was machte den Kniefall von Willy Brandt so einzigartig?
Mit seinem Kniefall, der außerhalb des festgelegten Protokolls stattfand, drückte Willy Brandt seinen Schmerz über Millionen jüdischer und nicht jüdischer Opfer aus, die unter dem NS-Regime gequält und ermordet wurden. Die Spontaneität dieser Handlung und die Tatsache, dass vor Brandt kein Politiker etwas Vergleichbares versuchte, machen diese Geste einzigartig.

Warum hat Willy Brandt das Gettodenkmal, nicht aber das Denkmal für den Warschauer Aufstand (1944) gewählt?
Während das Denkmal für den Gettoaufstand bereits 1948 errichtet wurde, konnte ein Denkmal allein für den Warschauer Aufstand erst

1989 eingeweiht werden und stand somit 1970 nicht zur Debatte. Das kommunistische Regime unterstützte jahrzehntelang eine Gedenkkultur, die Polen überwiegend als Opfer darstellte. Zeichen politischer Autonomie wie der Warschauer Aufstand sollten vor diesem Hintergrund nicht öffentlich betont werden.

Warum hat sich das Foto vom Kniefall erst später als Bild für die Entspannung eingeprägt?
Die Geste von Willy Brandt kam den kommunistischen Machthaber nicht gelegen, da sie ihre langjährige antideutsche Propaganda grundlegend infrage stellte. Brandt stand für ein »anderes« Deutschland, das zur Sühne bereit war. Erst in den 90er-Jahren akzeptierte Polen diese Geste als Akt der Versöhnung und ließ das Foto verbreiten.

Blick über die Mauer am Potsdamer Platz in Berlin (um 1970)

liche Zeichen zunächst ohne große Wirkung. Nur in der Bundesrepublik ist das Echo groß. Fotos vom Kniefall erscheinen in sämtlichen Zeitungen. Der »Spiegel« bringt das Motiv sogar als Titelbild, verbunden mit der Meinungsumfrage »Durfte Brandt knien?«. Die Bürger der Bundesrepublik sind geteilter Meinung: 41 % halten die Geste für angemessen, 48 % für übertrieben, 11 % enthalten sich. Vor allem ältere Bürger lehnen Brandts Verhalten in Warschau ab. Auch konservative Zeitungen, Vertriebenenverbände und Politiker der CDU/CSU denken, der Kniefall war ein Fehler. Auf sie wirkt er wie das Zeichen einer unpassenden Unterwerfung, zumal Brandt anschließend den Warschauer Vertrag unterschreibt, der auf eine Entspannungspolitik und eine Normalisierung der Beziehungen zwischen Deutschland und Polen setzt.

»Durfte Brandt knien?«

Eine neue Ostpolitik

Wie kommt es zu diesem neuen Denken in der Ostpolitik? Ein entscheidender Wendepunkt ist die Kubakrise. Als es 1962 zu einer schwerwiegenden Konfrontation zwischen den USA und der Sowjetunion auf Kuba kommt, scheint ein Dritter Weltkrieg so realistisch wie niemals zuvor. Der Präsident der USA, John F. Kennedy (1917–1963), kommt zu dem Schluss, dass ein dauerhafter Kalter Krieg keine Lösung

132

ist. Ein endloses Wettrüsten und eine Politik der Stärke führen nur in eine Sackgasse und gefährden die Existenz der gesamten Menschheit. Einen Ausweg kann es nur geben, wenn auch die Interessen der Sowjetunion anerkannt werden. Vor allem Egon Bahr gefällt dieser Gedanke. Der Journalist ist seit 1960 Pressesprecher von Willy Brandt, dem Regierenden Bürgermeister von Berlin. Wie auch Brandt wurde Bahr bereits durch den Bau der Berliner Mauer – dem Sinnbild des sich zuspitzenden Ost-West-Konfliktes – maßgeblich geprägt. In einem Vortrag am 15. Juli 1963 nutzt er die Gelegenheit, eine neue Ostpolitik anzuregen. Nicht fortwährende Konfrontation, nicht Abschottung, sondern »Wandel durch Annäherung« ist für ihn der richtige Weg. Nur wenn der Westen auf den Osten zugeht, wird sich die Welt, und somit auch der Osten selbst, zum Positiven verändern, meint Bahr.

»Wandel durch Annäherung«

Während Willy Brandt die Ausführungen seines Pressesprechers begrüßt, stoßen sie bei der Bundesregierung auf Ablehnung. Bundeskanzler Konrad Adenauer (1876–1967) beharrt auf der Fortführung der Westbindung der Bundesrepublik und hält auch am Alleinvertretungsanspruch fest: Schon bei der Gründung der DDR 1949 hatte Adenauer vor dem Bundestag erklärt, dass nur eine demokratisch gewählte Regierung das Recht habe, Deutschland als Ganzes international zu vertreten. Die Regierung der DDR könne hingegen nicht anerkannt werden, denn schließlich sei sie nicht aus freien Wahlen hervorgegangen. Für Adenauer ist die DDR nichts anderes als eine sowjetisch besetzte Zone mit einer Art Marionettenregierung. Allein die Bundesrepublik kann demnach als rechtlicher Nachfolger des Deutschen Reiches gelten. Dieser Alleinvertretungsanspruch soll zudem durch eine außenpolitische Leitlinie untermauert werden: Die Hallstein-Doktrin wird entwickelt, benannt nach Walter Hallstein (1901–1982), einem Staatssekretär im Auswärtigen Amt. Sie besagt, dass die Bundesrepublik nur diplomatische Beziehungen mit denjenigen Staaten pflegt, die die DDR völkerrechtlich nicht anerkennen.

Egon Bahr zu Besuch in der DDR

133

Aber dann geht die Ära Adenauer zu Ende und die starre Haltung gegenüber dem Osten weicht allmählich auf. Adenauers Nachfolger Ludwig Erhard (1897–1977) bemüht sich vorsichtig um verbesserte Kontakte zu den osteuropäischen Staaten, besonders in wirtschaftlicher Hinsicht. Doch noch immer bleibt die DDR außen vor. Hauptsächlich Polen und die Sowjetunion sind damit nicht einverstanden. Sie wollen endlich die Anerkennung der Oder-Neiße-Grenze. Kurt Georg Kiesinger (1904–1988), der Kanzler der Großen Koalition, sieht schließlich, dass die Geschichte Fakten geschaffen hat, die man nicht mehr länger ignorieren kann. In seiner Regierungserklärung vom 13. Dezember 1966 rät er deshalb dazu, »ohne Scheuklappen zu sehen, was ist«. Er beginnt daraufhin einen Briefwechsel mit DDR-Ministerpräsident Willi Stoph (1914–1999). Ein erster zaghafter Schritt. Willy Brandt, inzwischen Außenminister und Vizekanzler, ist längst überzeugt: Offen fordert er 1968 die »Anerkennung beziehungsweise Respektierung der Oder-Neiße-Grenze« durch die Bundesrepublik. Ohne diesen Schritt, glaubt Brandt, kann es keine Entspannung und somit auch keine Erleichterungen für die Bürger der DDR geben. Noch gibt es dafür keine Mehrheit im Bundestag. Die CDU/CSU ist strikt dagegen. In jeder Form der Annäherung sieht sie ein Nachgeben gegenüber den Interessen der Sowjetunion und eine Anerkennung des kommunistischen Systems.

Ausweis von Willi Stoph

Erfurt macht den Anfang

Erst als Brandt nach der Bundestagswahl 1969 von einer Koalition aus SPD und FDP zum Bundeskanzler gewählt wird, kann er handeln. Die neue Ostpolitik wird vom ersten Tag an zu seinem wichtigsten Vorhaben. Er spricht mit Botschaftern und Diplomaten, telefoniert mit Regierungschefs anderer Länder. Unterstützt wird er dabei von seinem Außenminister Walter Scheel (*1919). Beide haben einen guten Draht zum neuen amerikanischen Präsidenten Richard Nixon (1913–1994) und seinem aus Fürth stammenden Sicherheitsberater Henry Kissinger (*1923). Auch sie streben verbesserte Beziehungen zum Ostblock

Willy Brandt trifft in Erfurt ein.

an. Doch als sie erfahren, welches Land Brandt zuerst besuchen will, sind sie zunächst skeptisch. Ausgerechnet die DDR? Schließlich aber gibt Nixon seine Zustimmung, denn er weiß, dass man Ostdeutschland nicht aus dem einsetzenden Prozess der Entspannung ausklammern kann. Auch der Staatsratsvorsitzende der DDR, Walter Ulbricht (1893–1973), steht dem Gedanken der Annäherung vorerst kritisch gegenüber. Er muss jedoch Moskau folgen, denn der sowjetische Parteichef Leonid Breschnew (1907–1982) befürwortet das Vorhaben ausdrücklich.

In der Bundesrepublik lösen die Reisepläne Brandts ebenso Bedenken aus, und das nicht nur unter den Anhängern der christlichen Parteien. Viele fürchten eine mögliche Anerkennung der DDR. Und genau diese Chance sieht auch die SED-Führung. Die Tagung soll in Erfurt stattfinden. Die thüringische Stadt liegt in der Nähe der Zonengrenze. Am 19. März 1970 trifft Brandt mit seiner Delegation in Erfurt ein. Empfangen wird er von Willi Stoph, dem Vorsitzenden des Ministerrates, einem Befürworter deutsch-deutscher Kontakte. Mehr als 350 Journalisten aus 42 Ländern sind angereist, um ein Treffen zu verfolgen, das bislang als undenkbar galt. Die DDR ist gut vorbereitet. Auf den Straßen warten Studenten der Bezirksparteischule und andere ausgewählte SED-Anhänger. Volkspolizei und Staatssicherheit sichern den Weg zum Erfurter Hof, dem Tagungsort. Sprechchöre rufen: »Hoch, hoch, hoch!

»Brandts Reisepläne stoßen auf Skepsis«

135

st gegen die Isolationshaft in den Hungerstreik · **9.11.1974** Der RAF-Gefangene Holger Meins stirbt an den Folgen des Hungerstreiks

Es lebe Willi Stoph!« und »Forderung an Willy Brandt: DDR wird anerkannt!« Als sich Stoph und Brandt auf den Fußweg zum Hotel machen, gibt es für die Erfurter kein Halten mehr. Schnell wächst die Menschenmenge auf über 8000 an. Nur mit Mühe kann die Volkspolizei einen schmalen Durchgang freihalten. Damit hatte die SED-Führung nicht gerechnet. Auch nicht mit den »Willy Brandt!«-Rufen, die die Parolen der Linientreuen schnell übertönen. Wenig später fordert die Menschenmenge vor dem Hotel: »Willy Brandt ans Fenster!« Als der Bundeskanzler dann im ersten Stock tatsächlich das Fenster öffnet, empfängt ihn tosender Beifall. Die Bilder gehen um die Welt. Das erste deutsch-deutsche Treffen bringt noch keine handfesten Ergebnisse, schon gar nicht ist Brandt bereit, die DDR anzuerkennen. Dennoch ist ein erster Schritt getan, der zu Reiseerleichterungen, Handelsabkommen und der Einrichtung ständiger Vertretungen führen wird. Tief bewegt tritt Brandt die Rückreise an und wertet den begeisterten Empfang der Bürger Erfurts als »Zeichen der Verbundenheit« und »Wunsch nach Einheit«.

Sprechchöre der SED-Anhänger rufen: »Es lebe die DDR!«

Verträge für eine Versöhnung

Der eingeschlagene Weg wird beibehalten. Im Dezember fährt Brandt nach Warschau. Begleitet wird er dabei nicht nur von Walter Scheel und anderen Politikern, sondern auch von den Schriftstellern Günter Grass (*1927) und Siegfried Lenz (*1926), die aus Danzig und aus Ostpreußen stammen. Sie sollen mithelfen, Brücken zu bauen zu dem Land, das unter der deutschen Besatzung besonders schwer gelitten hat. Dazu beitragen soll auch das Warschauer Abkommen, das Brandt und Scheel unterzeichnen. Darin werden die Festlegungen vom Moskauer Vertrag vom August 1970 nochmals aufgegriffen, denen zufolge die Bundesrepublik die Oder-Neiße-Grenze als Westgrenze Polens anerkennt und auf die entsprechenden Gebiete Ostpreußens, Pommerns und Schlesiens verzichtet. Willy Brandt weiß, was dieser Schritt für viele

Brücken bauen Richtung Osten

136

Heimatvertriebene bedeutet: »Für viele meiner Landsleute, deren Familien im Osten gelebt haben, ist dies ein problemgeladener Tag. Manche empfinden es so, als ob jetzt der Verlust eintritt, den sie vor 25 Jahren erlitten haben.« Aber er stellt auch unmissverständlich klar, wer für diese historische Entwicklung letztendlich verantwortlich ist: »Mit diesem Vertrag wird nichts verspielt, was nicht Hitler schon verspielt hat.« Dafür ist nun der Weg frei für eine Versöhnung von Polen und Deutschen. Erst später nehmen beide Länder Brandts Kniefall als Symbol für diesen Neubeginn wahr. Nach seiner Rückkehr

Moskauer Vertrag:
Die Bundesrepublik erkennt die Oder-Neiße-Linie als Westgrenze Polens an.

wird Brandt auf Demonstrationen und in der konservativen Presse als »Vaterlandsverräter« und »Verzichtspolitiker« beschimpft. Sprechchöre fordern seinen Rücktritt und Schlimmeres: »Willy Brandt an die Wand, raus aus unserem Vaterland.« Eineinhalb Jahre benötigen Brandt und Scheel, um den Bundestag von der Ratifizierung des Warschauer Vertrags zu überzeugen. Schließlich wird er mit 248 Ja-Stimmen, 17 Gegenstimmen und 230 Enthaltungen angenommen. Der Wandel durch Annäherung kann weitergehen.

KOMMENTAR

»Er ist für uns alle auf die Knie gefallen«

Ich habe einen polnischen Freund. Als ich ihn das erste Mal in Warschau besuchte, fuhren wir zum Mahnmal des Gettoaufstands. Ich wollte das sehen, gleichzeitig wusste ich nicht recht, wie ich mich verhalten sollte. Alle Worte schienen abgegriffen und viel zu routiniert. Da wurde mir zum ersten Mal klar, körperlich klar, was Willy Brandt geleistet hat. Er ist für uns alle auf die Knie gefallen und hat geschwiegen. Das musste ich 25 Jahre später nicht wiederholen, aber jeder Pole weiß, dass Brandt gekniet hat, und mein Freund weiß, dass ich es weiß – und das reichte in diesem Moment. Heute verbinden Polen und Deutsche wieder Freundschaften. Ein solcher Neuanfang schon ein, zwei Generationen nach unaussprechlichen Verbrechen, das Geschenk macht die Geschichte nur selten. Wir mussten es uns erarbeiten und einer musste knien dafür.

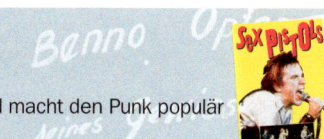

…« gründet sich und macht den Punk populär · **15.–17.11.1975** In Frankreich findet der erste Weltwirtschaftsgipfel statt

»Der Terrorismus hat auf die Dauer keine Chance.«

Ein Kommando der RAF entführt Hanns Martin Schleyer

Die zweite Generation schlägt zu

Am späten Nachmittag des 5. September 1977 fahren zwei Wagen in die Vincenz-Statz-Straße in Köln. Im ersten Fahrzeug sitzen der Vorsitzende des Arbeitergeberverbandes und des Bundesverbands der Deutschen Industrie, Hanns Martin Schleyer (1915–1977), und sein Fahrer Heinz Marcisz. Schleyer wird von drei Polizisten im hinteren Wagen begleitet, denn er zählt zu den besonders gefährdeten Personen. Plötzlich rast ein Pkw mit quietschenden Reifen auf die Straße und blockiert den Weg. Im nächsten Augenblick stürmen mindestens vier bewaffnete Personen aus ihrer Deckung und eröffnen das Feuer. Eine von ihnen springt auf die Motorhaube des Begleitfahrzeugs und schießt durch die Windschutzscheibe. Patronenhülsen und Glassplitter fliegen durch die Luft. Die Polizisten greifen noch zu ihren Waffen, doch sie haben keine Chance. Sie werden alle getötet. Auch Schleyers Fahrer stirbt auf der Stelle. Am Leben bleibt nur der Arbeitgeberpräsident. Die Attentäter zerren ihn in ein bereitstehendes Fluchtauto. Als sich in den umliegenden Wohnhäusern vorsichtig die ersten Fenster öffnen, geben die Täter Gas. Ihr Ziel ist ein am Stadtrand gelegenes Hochhaus, in dem sie Schleyer in einen schallisolierten Wandschrank sperren. Wenig später machen die Entführer ein Foto von ihrem Opfer, das sie zusammen mit genauen Bedingungen für seine Freilassung an die Bundesregierung schicken. Absender ist das »Kommando Siegfried Hausner«, benannt nach einem Attentäter, der 1975 bei einem Anschlag in Stockholm ums Leben kam.

Dem Kommando gehören Jürgen Peter Boock (*1951), Stefan Wisniewski (*1953), Sieglinde Hoffmann (*1945) und andere Mitglieder der »Roten Armee Fraktion« (RAF) an. Da sie sich erst später der linksextremistischen Terrororganisation anschlossen, werden sie als »zweite Generation« bezeichnet. Ihre Hauptforderung an die Bundesregierung lautet: Freilassung von elf verurteilten RAF-Häftlingen, darunter die Anführer Andreas Baader (1943–1977), Gudrun Ensslin (1940–1977)

Schleyer in Geiselhaft der RAF

Attentat des Kommandos »Siegfried Hausner«

und Jan-Carl Raspe (1944–1977). Zusammen mit Ulrike Meinhof (1934–1976), die sich ein Jahr zuvor in der Haft das Leben genommen hatte, gehören sie zur »ersten Generation«.

Die Schleyer-Entführung ist nicht der erste Anschlag des Jahres. Am 7. April ermordet ein Kommando der RAF den Generalbundesanwalt Siegfried Buback (1920–1977). Die tödlichen Schüsse feuert der Beifahrer eines Motorrads ab, während Bubacks Wagen an einer roten Ampel steht. Am 30. April erschießen drei Attentäter den Bankier Jürgen Ponto (1923–1977) in seiner Wohnung. Immer sind die Attentate gut vorbereitet, immer schlagen die Täter rücksichtslos zu. Im Visier haben sie führende Persönlichkeiten aus Politik und Wirtschaft. Nach der Anschlagsserie des Jahres 1977 scheint niemand mehr sicher. Das innenpolitische Klima in der Bundesrepublik verschlechtert sich rapide. Krisenstimmung wird spürbar.

RAF-Fahndungsplakat
des Bundeskriminalamts

Von der Demo in den Untergrund

Die Frage nach den Ursachen für die Entstehung der RAF, die sich viele Bürger stellen, führt zurück in die Jahre 1967 und 1968. Ende der 1960er-Jahre erreichen die Demonstrationen der Außerparlamenta-

DEINE MEINUNG

Totale Überwachung schützt vor totaler Gewalt?

» Ich bin froh, dass Straftaten heute durch eine verbesserte Überwachung aufgeklärt oder sogar verhindert werden können. In einer durch und durch digitalisierten Welt ist es notwendig geworden, Überwachungssysteme zu verwenden und konsequent anzuwenden, sei es im Internet oder durch Kameras an bestimmten Orten.

Der Staat muss mit Kriminellen Schritt halten können. Wenn die Möglichkeit besteht, Terrornetzwerke oder sonstige kriminelle Vereinigungen auszuheben und auf diese Weise Leben zu retten, muss der Einzelne zwingend ein kleines Stück seiner persönlichen Freiheit opfern.

Die Gesellschaft gewinnt dadurch an Sicherheit, die wiederum die Voraussetzung für eine funktionierende Demokratie ist. Nur in ihr kann man jene Freiheiten ausleben, die unseren Staat auszeichnen und auf die wir zu Recht stolz sind.

Theo Müller, 17, Schüler

» »Ich liebe Dich!«, schreibe ich meiner Freundin per SMS. Blöd nur, dass nicht nur sie diese sehr persönliche Nachricht liest, sondern auch der Staat. Perverse Realität! Unsere Grundrechte werden beschnitten und die Menschenwürde angegriffen – gläserne Bürger.

Im Zeitalter von StudiVZ und MySpace reiht sich Stasi 2.0 nahtlos ein. Warum Protest, wenn sich im Internet sowieso jeder entblößt? Nicht nur die Privatsphäre jedes Einzelnen wird verletzt, sondern die Demokratie mit ihren Grundpfeilern – zu merken scheint das niemand.

Datenschutz und Sicherheit auf der einen, Freiheit und Privatsphäre auf der anderen Seite – wir sollten die Augen öffnen und merken: Diese Grundsätze schließen sich nicht aus. Ganz im Geiste Benjamin Franklins: »Wer die Freiheit aufgibt, um Sicherheit zu gewinnen, wird am Ende beides verlieren.«

Sebastian Weiß, 21, Student

rischen Opposition (APO) gegen den Vietnamkrieg und für einen Wandel der Gesellschaft ihren Höhepunkt. Lange Zeit hält sich dabei die Gewalt in Grenzen. Das ändert sich durch zwei fatale Ereignisse: Am 2. Juni 1967 erschießt ein Polizist den Studenten Benno Ohnesorg (1940–1967) während einer Demonstration gegen den persischen Schah in Berlin. Am 11. April 1968 wird der Studentenführer Rudi Dutschke (1940–1979) von einem rechten Attentäter mit drei Schüssen schwer verletzt. Dutschke zieht sich daraufhin vorerst aus der Politik zurück, doch der Riss in der Gesellschaft und zwischen den Generationen vertieft sich.

Der Riss in der Gesellschaft vertieft sich.

Doch wie soll der Kampf für einen anderen, besseren Staat nach den Schüssen fortgeführt werden? Darüber gehen die Meinungen innerhalb der APO bald weit auseinander. Innerhalb eines Jahres zerfällt die Studentenbewegung in viele kleine Gruppen und Initiativen. Auf der linken Seite bilden sich mehrere K-Gruppen, kommunistische Kleinparteien wie der KBW (Kommunistischer Bund Westdeutschland). Andere APO-Anhänger gründen Bürgerinitiativen, die sich gegen Atomkraftwerke, atomare Endlager oder neue Flughäfen engagieren. In der Friedensbewegung setzen sie sich gegen Kriege und Rüstungsvorhaben ein. Nicht wenige »68er«, wie sie auch genannt werden, wählen bei der Bundestagswahl im September 1969 die SPD und tragen dazu bei, dass mit Willy Brandt (1913–1992) erstmals ein Sozialdemokrat Bundeskanzler wird.

Demonstration nach dem Attentat auf Dutschke

Ein paar APO-Anhänger gelangen jedoch zur Überzeugung, dass sich Staat und Gesellschaft nicht allein mit Demonstrationen, Flugblättern und Protestveranstaltungen verändern lassen. Weil Argumente und friedliche Mittel »den Anschlag auf Rudi Dutschke nicht verhindern konnten«, schreibt 1968 die bekannte linke Journalistin Ulrike Meinhof, »kann und muss neu und von vorne über Gewalt und Gegengewalt diskutiert werden«. Genau dies tun Andreas Baader und Gudrun Ensslin.

Thorwald Proll, Horst Söhnlein, Andreas Baader und Gudrun Ensslin vor Gericht

Da beide über eine starke Persönlichkeit und Überzeugungskraft verfügen, finden sie schnell Mitstreiter. Als erste Aktion legen sie am 2. April 1968 Brandsätze in zwei Kaufhäusern in Frankfurt am Main. Verletzt wird niemand, doch der Sachschaden ist beträchtlich. Mit ihrer Aktion wollen Baader, Ensslin und zwei Komplizen gegen den »Konsumkapitalismus« und den Vietnamkrieg protestieren. Schnell werden die Täter verhaftet und angeklagt. Auch die Gerichtsverhandlung nutzen sie, um ihren Protest gegen den Staat auszudrücken. Zigarre rauchend spotten sie im Gerichtssaal über das Verfahren. Sie werden zu drei Jahren Haft verurteilt, müssen die Strafe aber nicht umgehend antreten.

Baader und Ensslin fliehen daraufhin ins Ausland, später tauchen sie bei Ulrike Meinhof in Hamburg unter. Die Diskussion über die Anwendung von Gewalt wird fortgesetzt. Gemeinsam lesen sie Bücher von Marx, Lenin und Mao Zedong und studieren die Taktik lateinamerikanischer Guerillagruppen. Schließlich fassen sie den Entschluss, eine revolutionäre Gruppe zu gründen und Anschläge zu verüben. Noch ehe sie zur Tat schreiten können, wird Baader im April 1970 plötzlich in Berlin verhaftet. Sofort schmiedet die Gruppe einen

Mao Zedong: Identifikationsfigur der RAF

Selbstanzündung von Oskar Brüsewitz als Zeichen gegen die politischen Verhältnisse in

Plakat der Partei »Die Grünen«
aus dem Jahr 1983

Befreiungsplan, der schon einen Monat später ausgeführt wird. Als Baader unter einem Vorwand eine Bibliothek aufsuchen darf, wird er von Meinhof und einigen Komplizen erwartet, die mit Waffengewalt die Justizbeamten überwältigen. Ein Schuss verletzt einen Angestellten der Bibliothek schwer. Doch die Befreiungsaktion glückt, und von einem Tag auf den anderen werden die Namen Baader und Meinhof bundesweit bekannt.

Dieser Bekanntheitsgrad steigt, als die Gruppe nach einer militärischen Ausbildung in Jordanien mehrere Banken überfällt. In Bekennerschreiben kündigen sie weitere Aktionen an und fordern die linke Szene und die »unterdrückten Proletarier« auf, sich an ihrem »revolutionären Guerillakampf« zu beteiligen. Baader, Meinhof, Ensslin und ihre untergetauchten Komplizen hoffen auf breite Unterstützung und letztendlich auf einen bundesweiten Aufstand gegen den von ihnen verhassten Staat. Doch die herbeigesehnte revolutionäre Erhebung der Massen bleibt aus. Die »Proletarier« können mit den Parolen und ideologischen Phrasen der Roten Armee Fraktion nichts anfangen. Dennoch gibt es immer wieder Kundgebungen und Flugblattaktionen von Sympathisanten. In linken Maga-

Kommentar

»Angst vor Terroristen, die alle menschliche Rücksicht hinter sich gelassen hatten«

So viel Polizei mit Maschinenpistolen im Anschlag wie 1977 habe ich nie wieder gesehen. Zwei-, dreimal bin ich in Straßensperren geraten, gefilzt worden. In diesen Monaten, als man sich fragte, ob diese Morde denn nie aufhören, hatten wir alle Angst, die Polizisten wohl ebenso wie die langhaarigen Parkaträger, die sie aus den Autos gewunken haben. Es war die Angst vor Terroristen, die alle menschliche Rücksicht hinter sich gelassen hatten. Dass ihnen das »unterdrückte Proletariat« nicht folgte, ließ sie nicht einhalten, sondern erst recht weitermachen. Eine lieferte einen Freund der Familie, Jürgen Ponto, persönlich seinen Mördern aus. In ihrem kalten Fanatismus waren die Männer und Frauen der RAF, was sie am wenigsten sein wollten, die Erben der Nazitäter.

144

zinen werden die Aktionen der RAF vielfach diskutiert und manchmal sogar begrüßt. Zu den Waffen aber greifen auch die linken Redakteure nicht. Nach mehreren Bombenanschlägen, Entführungen und immer mehr Toten auf beiden Seiten geht die linke Szene langsam auf Distanz. Selbst der ehemalige und inzwischen wieder halbwegs genesene Studentenführer Rudi Dutschke nennt die Attentate von Baader und Meinhof schlicht »RAF-Scheiße« und völlig ungeeignet, die Gesellschaft zu verändern. Mehr als 60 bis 70 Mitstreiter und etwa 300 Helfer, die Wohnungen, Papiere und Waffen besorgen, kann die Gruppe nicht rekrutieren. Die Mehrheit der einstigen APO-Anhänger geht friedliche Wege. Einer führt zur Gründung der Bundespartei »Die Grünen« im Januar 1980. Zu den Gründervätern zählt auch Rudi Dutschke.

Auf der Beerdigung von Ulrike Meinhof demonstrieren Ärzte gegen die Isolationshaft.

Deutschland im Herbst

Der Staat ist durch die neuartige Bedrohung verunsichert und sieht zunächst einmal die Notwendigkeit seinen Polizeiapparat zu verbessern. Eine Art »RAF-Hysterie« macht sich breit und vergiftet für Jahre das gesellschaftliche Klima. Bald riskiert jeder engagierte Schriftsteller, kritische Filmregisseur oder linke Universitätsprofessor, mit der RAF in einen Topf geworfen zu werden. Es reicht schon aus nach den Motiven für den Terror zu fragen oder die Methoden der Polizei infrage zu stellen. Auch Heinrich Böll (1917–1985) holen die Verdächtigungen ein. Im Januar 1972 veröffentlicht der Literaturnobelpreisträger im »Spiegel« ein Essay über Ulrike Meinhof. Schon gilt auch er als RAF-Sympathisant. Dabei übersehen Politiker und konservative Zeitungen, wie deutlich Böll die Taten der RAF verurteilt: »Kein Zweifel – Ulrike Meinhof lebt im Kriegszustand mit dieser Gesellschaft. […] Es ist inzwischen ein Krieg von sechs gegen 60 000 000. […] Ulrike Meinhof und der Rest ihrer Gruppe haben keinerlei Chance, irgendjemand politisch opportun zu erscheinen.«

Verdächtigungen gegen jeden engagierten Kritiker

Im Juni 1972 werden Baader, Meinhof, Ensslin und andere führende Köpfe der RAF schließlich gefasst. Vorerst scheint der Spuk vorbei zu sein. Da kidnappen am 5. September 1972 acht Mitglieder der palästinensischen Terrororganisation »Schwarzer September« elf israelische Sportler im olympischen Dorf in München. Neben der Freilassung palästinensischer Gefangener in Israel verlangen sie die Freilassung von Baader und Meinhof. Doch weder Israel noch die Bundesrepublik gehen auf die Forderungen ein. Der Befreiungsversuch am nächsten Tag durch die Polizei auf dem Flughafen in Fürstenfeldbruck endet in einem Fiasko. Alle Geiseln und fünf Attentäter sterben. Schnell sind sich die Politiker einig: Es fehlt eine professionelle Antiterroreinheit. Noch im September ordnet Innenminister Hans-Dietrich Genscher (*1927) den Aufbau der Spezialeinheit GSG 9 an. Ein weiteres Mal soll sich die Katastrophe von München nicht wiederholen.

Olympia 1972: »Schwarzer September« in München

Pressespiegel nach dem Attentat von München

Der Staat lässt sich nicht erpressen

Die blutige Entführung von Hanns Martin Schleyer ist 1977 der zweite Versuch der RAF, die Gründer der Terrororganisation freizupressen. Die Wahl fällt nicht nur auf Schleyer, weil er ein hoher Repräsentant der deutschen Wirtschaft ist, sondern auch weil er im Dritten Reich Mitglied der SS und der NSDAP war. Die Verantwortung für die Verhandlungen mit den Terroristen liegt bei Bundeskanzler Helmut Schmidt (*1918). Er berät sich nicht nur mit seinen Ministern und engsten Vertrauten, sondern auch mit Helmut Kohl (*1930) und Franz Josef Strauß (1915–1988), den Führern der CDU/CSU-Opposition. Schmidt trifft die Entscheidung, nicht nachzugeben. Der Staat soll nicht erpressbar sein. Dass er damit das Leben des Entführten aufs Spiel setzt, ist ihm schmerzlich bewusst. Immer wieder schicken die Entführer erniedrigende Fotos und Videos von Schleyer, der um die Erfüllung der Forderungen bittet. Doch Schmidt bleibt hart.

Er bleibt es auch, als am 13. September die Lufthansa-Maschine »Landshut« mit 82 Passagieren an Bord entführt wird. Auf dem Flug von Palma de Mallorca nach Frankfurt am Main kidnappen vier Mitglieder eines palästinensischen Kommandos das Flugzeug und fordern erneut die Freilassung der elf deutschen Terroristen. Diesmal aber ist der Staat vorbereitet. Als die Maschine in Mogadischu in Somalia landet, stürmt die heimlich eingeflogene Spezialeinheit GSG 9 das Flugzeug. Drei der vier Attentäter werden erschossen, alle Geiseln gerettet. Dennoch ist die Erleichterung im Krisenstab des Bundeskanzlers nur von kurzer Dauer. Denn noch immer ist Schleyer in Gefangenschaft. Auch die in Stuttgart-Stammheim einsitzenden Terroristen erfahren aus dem Radio von den Ereignissen in Mogadischu. Sie wissen jetzt, dass Schmidt niemals nachgeben wird. Noch in derselben Nacht begehen Baader, Ensslin und Raspe Selbstmord. Als die Nachricht am nächsten Morgen verbreitet wird, weiß der Krisenstab, dass Schleyer faktisch keine Chance mehr hat. Im Laufe des Tages wird er im Kofferraum eines Autos erschossen aufgefunden.

GSG-9-Soldaten üben den Ernstfall.

Aufgrund der kompromisslosen Haltung des Staates hat der Terror in der Bundesrepublik vorerst keine Chance mehr. Die Zahl der RAF-Sympathisanten schrumpft auf eine kleine Gruppe, die im linken Spektrum keine Rolle mehr spielt. Mitte der 1980er-Jahre gewinnt die sogenannte »dritte Generation« der RAF Handlungsfähigkeit. Eine neue, von 1985 bis 1991 andauernde Mordserie, der unter anderem der Vorstandssprecher der Deutschen Bank, Alfred Herrhausen (1930–1989), zum Opfer fällt, weckt schlimmste Erinnerungen an den »Deutschen Herbst«. Erst mit dem Zusammenbruch des Kommunismus und der Auflösung des Sympathisantenmilieus verliert der RAF-Terrorismus seine Basis.

Die entführte Lufthansa-Maschine »Landshut«

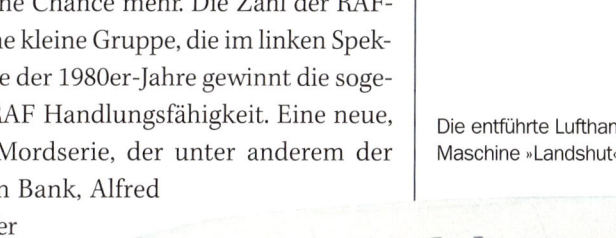

»Ich widme meinen Flug
dem 30. Jahrestag der Gründung
der Deutschen Demokratischen
Republik.«

Sigmund Jähn fliegt als erster Deutscher ins All

Höhenflug der DDR

In Baikonur in der Steppe Kasachstans läuft der Countdown. An Bord des Sojus-Raumschiffs zählen die Kosmonauten Waleri Bykowski (*1934) und Sigmund Jähn (*1937) die Sekunden. Beide sind erfahrene Piloten und haben lange trainiert. Für Bykowski, den russischen Kommandanten, ist es bereits der dritte Raumflug. Die Raketentriebwerke der 313 Tonnen schweren Sojus-Rakete starten mit einem Donnern, das kilometerweit zu hören ist. Eine starke Vibration erfasst das Raumschiff. Der Puls der Kosmonauten steigt. Die Versorgungsbrücken der Startrampe lösen sich und geben die Rakete frei. Am 26. August 1978 um 19.51 Uhr Ortszeit hebt Sojus 31 ab und beschleunigt auf acht Kilometer pro Sekunde. Wenige Minuten später blickt Jähn nach draußen und ist überwältigt: »Das ist ein tolles Farbspiel. Die grünlich wallenden Polarlichtfelder. Wie aus einer Geisterwelt.« Zwei Tage später nähern sich die beiden Raumfahrer ihrem Ziel. Die russische Raumstation Saljut 6, eine enge, 16 Meter lange Röhre, umkreist in 250 Kilometer Höhe die Erde. Dort warten zwei Russen auf die Besucher, die nur fünf Tage bleiben, um einige wissenschaftliche Experimente durchzuführen.

Jähn ist der dritte ausländische Mitarbeiter bei einer sowjetischen Raumfahrtmission. Vor ihm waren schon ein Tscheche und Pole an Bord der Saljut 6. Doch nun betritt ein Kosmonaut aus der DDR die Raumstation.

Das DDR-Fernsehen bringt zahlreiche Sondersendungen und berichtet über Jähn wie über einen Star. Sein Erfolg soll die Überlegenheit des Sozialismus beweisen. »Der erste Deutsche im All – ein DDR-Bürger«, titelt die Zeitung »Neues Deutschland«, das Zentralorgan der SED, und feiert den Raumflug als »historisches Ereignis im Leben unseres Volkes«. Vom Orbit aus bedankt sich Jähn bei der Partei und widmet seinen Flug dem 30. Jahrestag der Gründung der DDR. Auf der Erde werden Fahnen gehisst und Plakate mit dem Bild Sigmund Jähns geklebt. Über Nacht wird der bescheidene Luftwaffenoffizier aus dem Vogtland zum Idol. Am 3. September und nach 125 Erdumkreisungen kehren Jähn und Bykowski zur Erde zurück. Die Landung ist hart. Dreimal überschlägt sich die Landekapsel, bevor sie in der Steppe Kasach-

Das DDR-Sandmännchen ist mit an Bord.

1979 Die ersten Christopher-Street-Day-Paraden (CSD) finden in Bremen und Berlin statt · **12.2.1979** Die erste W

stans liegen bleibt. Von diesem Zwischenfall und den bleibenden Schä-
den an Jähns Wirbelsäule berichtet die Presse der DDR kein Wort.
Dafür wird der erste Deutsche im All nach seiner Rückkehr als »Held
der DDR« und einziger »Fliegerkosmonaut der DDR« gefeiert. Im
offenen Wagen fährt er mit Waleri Bykowski und Erich Honecker
(1912–1994) kreuz und quer durch Ostberlin. Die Bürger stehen am
Straßenrand und jubeln. Es folgen Auszeichnungen, Orden und
Titelverleihungen. Schulen, Kindergärten und sogar Schiffe werden
nach Jähn benannt. Die SED zieht sämtliche Register ihres Propa-
gandaapparates, um einen Fortschritt zu demonstrieren, auf den die
Bundesrepublik noch fünf Jahre warten muss: Erst am 28. November 1983 startet Ulf Merbold (*1941) als erster Bundesbürger mit
dem amerikanischen Spaceshuttle »Columbia« ins All.

Während Jähn in der DDR noch lange euphorisch gefeiert wird, findet seine Tat in der Bundesrepublik kaum Erwähnung. Andere Themen
beherrschen die Schlagzeilen: Ausgerechnet am 26. August, dem Tag
von Jähns Start in Baikonur, wird der Pole Karol Józef Wojtyła (1920–
2005) zum Papst Johannes Paul II. gewählt. Für die westdeutsche Presse

KOMMENTAR

»Der Erste, der das Glück des Raumfahrers auf Deutsch beschrieb«

Ich habe noch 2008 ein Quizkartenspiel gespielt, bei dem nach
dem ersten Deutschen im All gefragt wurde – Antwort: Ulf
Merbold. Sigmund Jähn wurde als Fußnote mitgeliefert. Mehr
war er im Westen nie, kein Funke Mitfreude damals, als er ins
All flog. Ich war in Hannover fleißiger Zuschauer der DDR-
Nachrichten, weil mich dieser schneidige Plansoll-erfüllt-Ton
faszinierte und amüsierte. Sogar der Milchertrag einer Molkerei
wurde zum bravourös gemeisterten Parteiauftrag hochgejubelt.
Und Sigmund Jähn war natürlich der Propagandaerfolg überhaupt. Trotzdem dachte ich damals, wenn es irgendwo egal ist,
aus welchem System einer kommt, dann doch wohl in einer flie-
genden Metallröhre 250 Kilometer über der Erde. Jähn war der
Erste, der das Glück des Raumfahrers auf Deutsch beschrieb. Ich
habe ihm jedes Wort geglaubt.

151

natürlich ein Topereignis. Wenn sie über Jähn berichtet, dann nicht selten abfällig. So schreibt die »Süddeutsche Zeitung«: »Zum ersten Mal wird im Weltraum deutsch gesprochen, wenn auch mit sächsischem Akzent, was die Sache gleich wieder etwas ins Komische zieht, sodass wir sie nicht ganz so ernst nehmen müssen. Der erste richtige Deutsche soll schließlich erst 1980 mit einem amerikanischen Spacelab-Raumschiff in den Weltraum fliegen.« Sogar die Zugehörigkeit des Kosmonauten zur deutschen Nation wird infrage gestellt. Die unbestreitbare Leistung Jähns wird nicht gesehen.

Zynismus im Westen, Jubel im Osten

Die Ära Honecker beginnt

Die Führung der SED triumphiert trotzdem. Wenigstens im Bereich der Raumfahrt kann sie die Bundesrepublik überbieten. Für einige Tage ist die Krise, in der sich die DDR befindet, vergessen. Vor allem Erich Honecker genießt die Jubelfahrt durch Ostberlin. Seit 1971 ist er Erster Sekretär des Zentralkomitees der SED und somit Nachfolger von Walter Ulbricht (1893–1973). Der Wechsel an der Spitze vollzieht sich nicht reibungslos. Denn Ulbricht, der den Kurs der SED seit der Gründung der DDR prägt, räumt nicht freiwillig seinen Platz. Doch wird der Druck aus den eigenen Reihen zu groß. Immer mehr SED-Funktionäre halten Ulbricht vor, dass es ihm nicht gelungen ist, die Planwirtschaft zu reformieren. Alle Programme und Maßnahmen Ulbrichts, die Produktivität zu erhöhen und die Bürger mit mehr Konsumgütern zu versorgen, verfehlen ihre Wirkung. Schließlich lehnt der Parteichef auch die neue Ostpolitik Willy Brandts (1913–1992) ab und besteht auf einer Anerkennung der DDR durch die Bundesrepublik als erstem Schritt einer Ost-West-Entspannung. Als er sich auch noch gegen eine Annäherung von Bundesrepublik und UdSSR ausspricht, lässt ihn der sowjetische Parteichef Leonid Breschnew (1907–1982) fallen und macht den Weg frei für Honecker. Am 3. Mai 1971 erklärt Ulbricht offiziell seinen Rücktritt, ohne die wahren Gründe zu nennen.

Mitglieder der Freien Deutschen Jugend (FDJ) bei einem »Nationalen Jugendfestival der DDR«

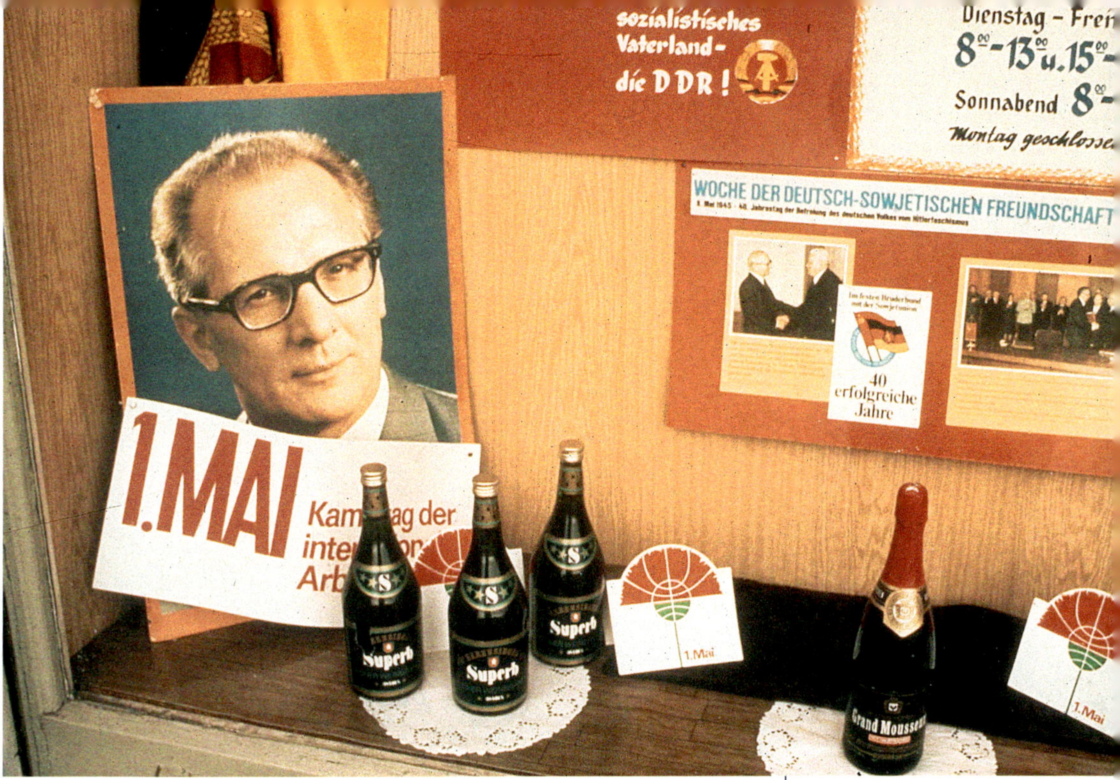

DDR-Propaganda: Schaufensterdekoration mit Honecker-Porträt

Am selben Tag wird, wie von Breschnew vorgesehen, Honecker zum Nachfolger Ulbrichts gewählt. Dieser erhält, als Dank der Partei, zudem den Posten des Vorsitzenden des Staatsrates. Kaum ist Honecker an der Macht, wird der Name seines Vorgängers aus Schulbüchern, Verlautbarungen und Erklärungen getilgt. Honecker will, dass der Wechsel an der Spitze als Aufbruch gesehen wird. Das Land soll, wenn auch in Grenzen, liberaler und moderner werden. Um die Wohnungsnot zu mildern, kündigt der Staat ein gigantisches Wohnungsbauprogramm an. Auch die Produktion von Konsumgütern soll angekurbelt werden.

Optimismus macht sich breit

Hoffen auf mehr Freiheiten und weniger Zensur

Viele DDR-Bürger glauben, dass sich nach dem Machtwechsel auch ihr Lebensstandard verbessern wird. Schriftsteller und Künstler hoffen auf mehr Freiheiten und weniger Zensur. Als die SED anlässlich des 23. Jahrestages der DDR eine Amnestie erlässt, scheinen sich noch andere Erwartungen zu bewahrheiten. Denn unter den mehr als 30 000 entlassenen Häftlingen sind viele Kritiker des Systems. Vielleicht tritt sogar schon bald eine Lockerung der Reisebestimmungen ein. Denn Honecker ist kein Gegner der bundesdeutschen Ostpolitik. Das zeigt sich be-

s Zufluchtsort für Punks an · **14.4.1980**

Der Film »Die Blechtrommel« von Volker Schlöndorff erhält den Oscar ·

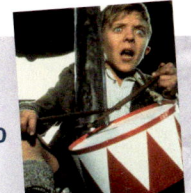

Ständige Vertretung der
Bundesrepublik in Ostberlin

reits wenige Monate nach seinem Amtsantritt. Am 17. Dezember 1971 wird in Bonn das Transitabkommen zwischen der Bundesrepublik und der DDR unterzeichnet. Das Abkommen schafft vor allem Erleichterung für den Autoverkehr von und nach Westberlin. Ein Jahr später folgt der Grundlagenvertrag, in dem sich beide deutsche Staaten zu gutnachbarschaftlichen Beziehungen verpflichten und den Austausch von Ständigen Vertretern vereinbaren. Außerdem bekennen sich West- und Ostdeutschland zu den Grundsätzen der Vereinten Nationen (UN). In vielen Bereichen, von der Wissenschaft bis zum Postwesen, wird eine Zusammenarbeit beschlossen.

Sein Hauptziel kann Honecker allerdings nicht erreichen: die vollständige völkerrechtliche Anerkennung der DDR durch die Bundesrepublik. Nur die Unabhängigkeit und Selbstständigkeit der DDR im Sinne des Staatsrechts, nicht aber eine eigene DDR-Staatsbürgerschaft wird durchgesetzt. Honecker sucht daher nach anderen Wegen, die Ei-

Univ.-Prof. Dr. Karl-Rudolf Korte
NRW School of Governance, Universität Duisburg-Essen

Steffen Seibert fragt:

»Wie stellte die DDR-Regierung Einzelleistungen ihrer Bürger in den Dienst der Staatsideologie?«

Prof. Korte, wie wichtig waren große Leistungen Einzelner für die Selbstdarstellung der DDR?
Die DDR-Führung stellte Einzelne dann aus dem Kollektiv heraus, wenn sich der Fortschritt des Sozialismus auf diese Weise unterstreichen ließ: Beispiele sind der Bergmann Adolf Hennecke, der dreimal mehr Kohle förderte als in der Arbeitsnorm festgelegt, der Radrennfahrer »Täve« Schurr, der als erster Deutscher zweimal die Internationale Friedensfahrt und die Weltmeisterschaft gewann, sowie Sigmund Jähn, der erste deutsche Kosmonaut im All.

Gab es diesen Versuch nicht auch im Westen, mit Einzelleistungen Überlegenheit zu demonstrieren?
Die Bundesrepublik versuchte selten, durch überspitztes Heldentum vermeintliche Überlegenheit zu demonstrieren. Eine Ausnahme stellen die Spieler der Fußballnationalmannschaft 1954 dar. Sie gingen als Weltmeister und »Helden von Bern« in die Geschichte ein und symbolisierten damit den Erfolg des jungen, westdeutschen Staates.

Wie haben die Bürger der DDR ihre siegreichen Sportler gesehen?
In den 1970er und 1980er Jahren gewann die DDR zahlreiche olympische Medaillen. Nicht zuletzt durch gezielten Dopingeinsatz, gefördert durch die DDR-Führung. Die DDR-Bürger sahen die Sporterfolge ihres Landes meist positiv, wenngleich auch Neid entstand, da die Sportler Privilegien, wie Reisen ins westliche Ausland, genossen.

genständigkeit der DDR nach innen und außen stärker zu betonen. Er lässt die Verfassung ändern, die die DDR nicht mehr als »sozialistischen Staat deutscher Nation« beschreibt, sondern als »sozialistischen Staat der Arbeiter und Bauern«. Das Nationalitätenkennzeichen »D« wird durch »DDR« ersetzt, der »Deutsche Fernsehfunk« heißt fortan »Fernsehen der DDR«. Diese und ähnliche Maßnahmen sollen demonstrieren, dass die deutsche Nationalität für die DDR keine große Bedeutung mehr hat. Dafür

Sparwasser schießt das 1:0 für die DDR.

steigt die internationale Bedeutung der DDR. Dank des Grundlagenvertrags werden beide deutsche Staaten 1973 in die Vereinten Nationen aufgenommen. Bis zum Ende der 1980er-Jahre erkennen nahezu alle Länder der Welt die DDR völkerrechtlich an. Die Teilung Deutschlands wird nun weltweit akzeptiert. Und immer weniger Politiker in Ost und West glauben noch an eine Wiedervereinigung.

Stattdessen will sich jeder der beiden deutschen Staaten vor dem jeweils anderen als Gewinner positionieren. Selbst sportliche Erfolge werden zur Propaganda für das politische System. Im Sport zählt die DDR zu den führenden Staaten. Bei den Olympischen Spielen 1972 in München gewinnen Teilnehmer aus der DDR gleich 20 Goldmedaillen – sieben mehr als die Bundesrepublik. In der Nationenwertung belegen sie den dritten Platz hinter der Sowjetunion und den USA. Vier Jahre später in Montreal kann die DDR sogar 40 Goldmedaillen holen, viermal so viel wie die Bundesrepublik und nur neun weniger als die UdSSR. Erreicht wird diese Leistung durch ein intensives Sportförderprogramm, das von Betriebssportgemeinschaften bis zu Dopingmaßnahmen reicht. Ein besonderer Triumph gelingt während der Fußballweltmeisterschaft 1974 in der Bundesrepublik. Die Mannschaft der DDR wird nicht nur Gruppensieger der ersten Finalrunde, sondern sie schlägt auch noch die Mannschaft der Bundesrepublik mit 1:0. Zwar wird die Bundesrepublik später Weltmeister, doch die einzige Niederlage während des Turniers hat sie der DDR zu verdanken.

DDR-Postwertzeichen zur Kanu-Weltmeisterschaft (1966)

Plattenbauten in Berlin-Marzahn

Die Fassade bröckelt

Das Selbstbewusstsein der SED-Führung steigt. In Wandlitz bei Berlin lebt in einer militärisch gut gesicherten Siedlung aus 23 Häusern die Führungsspitze der SED, darunter auch Erich Honecker und seine Frau Margot (*1927). Da die Mitglieder des Politbüros keine Trabis fahren, sondern schwarze Limousinen der schwedischen Marke Volvo bevorzugen, wird die abgeschottete Siedlung im Volksmund »Volvograd« genannt. Dieser ironische Beiname unterstreicht die unübersehbare Distanz zwischen Parteiführung und Volk. Während in Wandlitz die Sektkorken knallen, müssen die Bürger nach wie vor auf viele Konsumgüter verzichten. Honecker verweist in seinen Reden zwar immer wieder auf die erreichten Erfolge. Doch im Alltag der Menschen zeigt sich bald, dass viele Versprechen nicht eingehalten werden. Die Planwirtschaft schafft es nicht, das angekündigte Wohnungsbauprogramm in vollem Umfang umzusetzen. Im Laufe der Zeit können nur knapp zwei Drittel der geplanten Plattenbauten errichtet werden. Noch dazu fehlen Gelder, um die Altstädte zu sanieren, die zusehends verfallen. Zwar kann die Produktion von Konsumgütern gesteigert werden, doch müssen die Arbeiter in den Volkseigenen Betrieben (VEBs) mit ansehen, wie die meisten Produkte in den Westen exportiert werden. Denn die DDR braucht dringend Devisen. Der Bedarf ist so groß, dass sich

die SED entschließt, Kredite bei westdeutschen Banken aufzunehmen. Nur so können viele alte Produktionsanlagen modernisiert werden. Allerdings reicht die Wirtschaftskraft der DDR nicht aus, um die Kredite schnell wieder zurückzuzahlen. Letztlich wird die sozialistische Planwirtschaft unter Honecker vom Kapitalismus abhängig.

Auch die Kritik von Künstlern und Intellektuellen lässt nicht nach, wie von Honecker erhofft. Einer erregt ganz besonders den Zorn der SED-Führung: der Dichter und Liedermacher Wolf Biermann (*1936). Seit 1961 hält der bekennende Sozialist der DDR den Spiegel vor, weshalb er seine Lieder und Bücher nur im Westen veröffentlichen kann. In der DDR hat Biermann Auftrittsverbot. Als er im November 1976 für mehrere Konzerte in die Bundesrepublik reist, nutzt die SED die Gunst der Stunde und bürgert Biermann aus. Da eines der Konzerte von der ARD übertragen wird, erfährt ganz Deutschland von dieser Maßnahme. In der DDR wird vielen Künstlern schlagartig klar, dass ihre Hoffnungen auf Liberalität und freie Meinungsäußerungen eine Illusion waren. Etwa 100 Schriftsteller, Schauspieler und Intellektuelle protestieren in einem offenen Brief gegen die Ausbürgerung Biermanns. Viele von ihnen werden daraufhin gezwungen, das Land zu verlassen, wie etwa die Schauspielerin Katharina Thalbach (*1954). Andere erhalten Verbote und Strafen und verlassen daraufhin freiwillig die DDR, darunter der Schauspieler und Musiker Manfred Krug (*1937). Immer mehr Künstler werden nun von der Staatssicherheit überwacht. Doch der Schaden für das Ansehen der DDR ist viel größer, als die Führung zunächst gedacht hat. Immer neue Kritiker melden sich zu Wort. Daran können auch der erfolgreiche Flug von Sigmund Jähn und die damit verbundene Propaganda für das sozialistische Regime nichts ändern. Selbst diejenigen DDR-Bürger, die von der Idee des Sozialismus überzeugt sind, werden zunehmend mit Enttäuschungen konfrontiert. Die Ausweisung Wolf Biermanns verdeutlicht ein weiteres Mal, dass Freiheit kein Gut der DDR ist.

Biermanns Schallplatten erscheinen nur im Westen.

157

r documenta 7 für   großes Aufsehen · **22.10.1983** Massendemonstrationen für Frieden und Abrüstung im Westen

»Europa ist unser gemeinsames Vaterland.«

Kohl und Mitterrand setzen neue Zeichen der Freundschaft

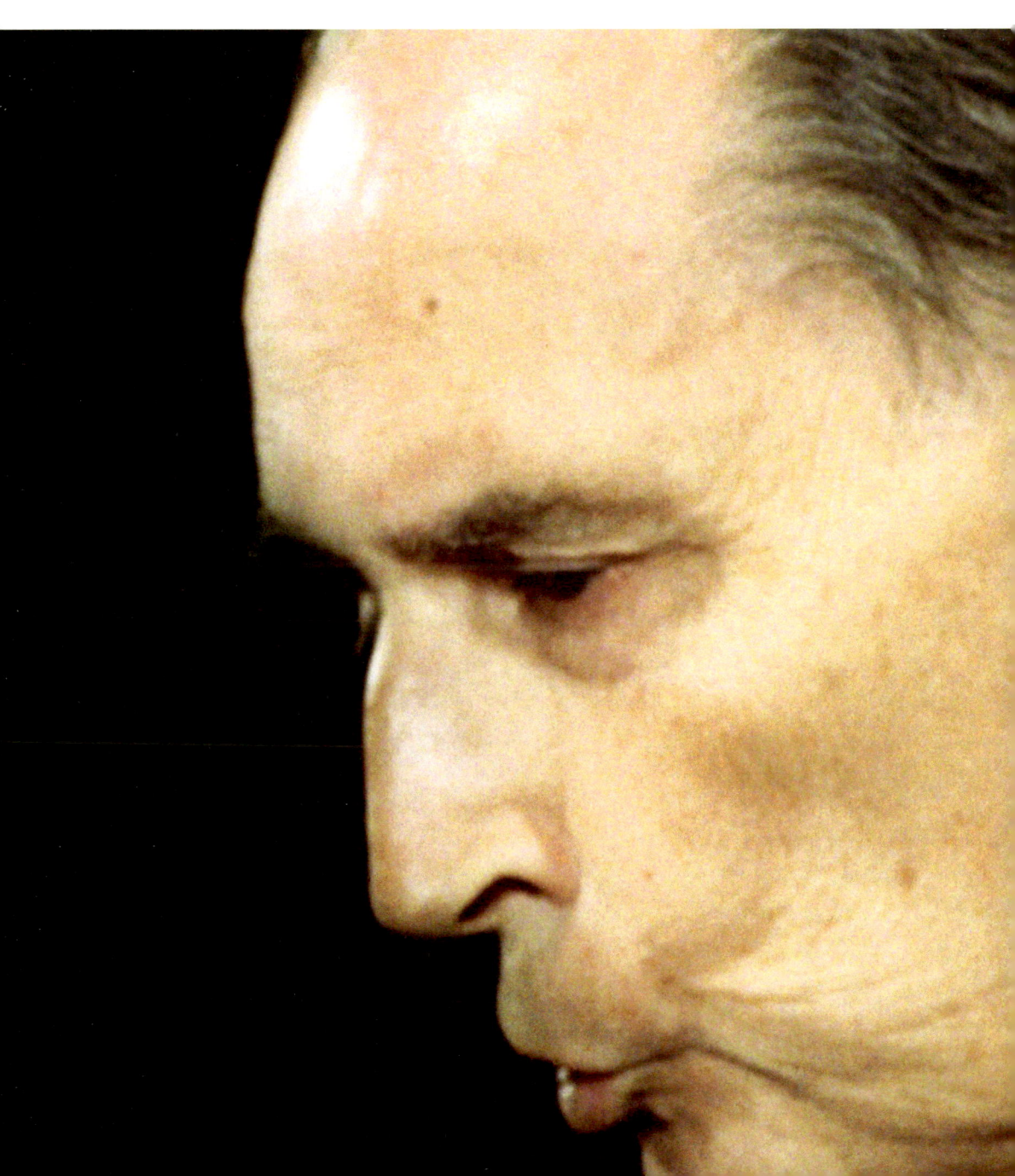

Versöhnung auf dem Schlachtfeld

Das Beinhaus von Douaumont bei Verdun ist ein französisches Nationaldenkmal. In dem 137 Meter langen Gebäude liegen die Knochen von mehr als 130000 unbekannten Soldaten, die meisten Franzosen und Deutsche. Vor dem Mahnmal befinden sich weitere 15000 französische Gräber. Insgesamt verloren 1916 über 300000 Soldaten bei Verdun ihr Leben. Dieses Gefecht gilt als eines der schrecklichsten und zugleich sinnlosesten der Geschichte. Obwohl sich der Verlauf der Front durch die Kämpfe nur unwesentlich veränderte, wurde Verdun für Frankreich zu einem Mythos, zu einem Sinnbild für die Verteidigung des Vaterlandes. Hier verhinderte die französische Armee unter hohen Verlusten ein weiteres Vordringen der Deutschen. Zugleich steht die Schlacht für

Gräber französischer
Soldaten bei Verdun

die sogenannte »Erbfeindschaft« zwischen Franzosen und Deutschen, die seit den Befreiungskriegen gegen Napoleon (1813–1814) und dem Deutsch-Französischen Krieg (1870–1871) zu einem vielzitierten Deutungsmuster wurde. Der Erste (1914–1918) und der Zweite Weltkrieg (1939–1945) machen die Kluft zwischen den Nachbarländern scheinbar unüberbrückbar.

Zwei Vertreter dieser Nationen stehen sich am 22. September 1984 vor dem Beinhaus von Douaumont gegenüber. Der eine ist der französische Staatspräsident François Mitterrand (1916–1996), der im Zweiten Weltkrieg bei Verdun verletzt wurde. Der andere ist der deutsche Bundeskanzler Helmut Kohl (*1930), dessen Vater im Ersten Weltkrieg in Verdun gekämpft hat. Beide sind an diesen geschichtsträchtigen Ort gekommen, um eine Entwicklung fortzusetzen, die ihre Vorgänger begonnen haben. Sie wenden sich dem Mahnmal zu, vor dem zwei Kränze aufgestellt sind, ein französischer und ein deutscher. Dann reichen sie sich die Hand und gedenken schweigend der Toten beider Weltkriege. Die mitgereisten Veteranen

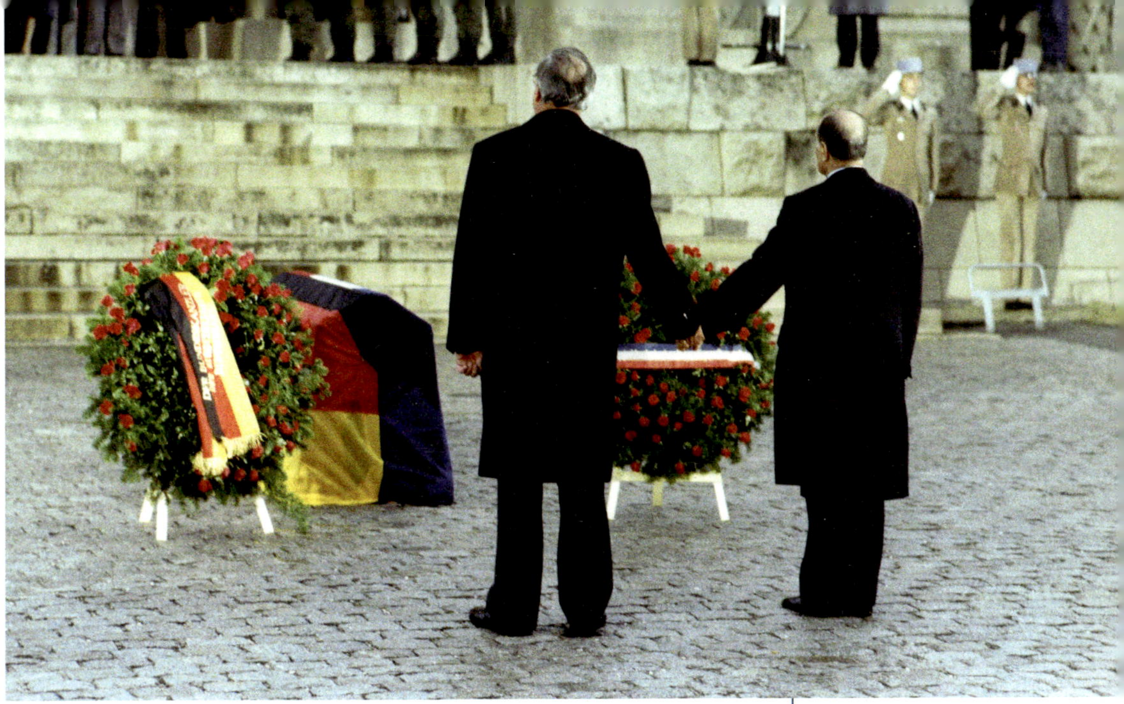

Kohl und Mitterrand vor dem Denkmal in Verdun

und Soldaten salutieren, Diplomaten und Begleiter nehmen ihre Hüte ab. Die Geste soll die seit Ende des Zweiten Weltkriegs gewachsene Freundschaft zwischen beiden Ländern nochmals bewusst zum Ausdruck bringen. In einer gemeinsamen Presseerklärung begründen Mitterrand und Kohl den Händedruck mit ebenso einfachen wie klaren Worten: »Frankreich und Deutschland haben die Lehren aus der Geschichte gezogen. Europa ist unser gemeinsames Vaterland. Wir sind Erben einer großen europäischen Tradition. Deshalb haben wir vor 40 Jahren den Bruderkampf beendet und begonnen, gemeinsam an unserer Zukunft zu bauen.«

Zeichen der Versöhnung zwischen den Nationen

Mit ihrer Geste nehmen die Politiker Bezug auf Charles de Gaulle (1890–1970) und Konrad Adenauer (1876–1967), die sich am 22. Januar 1963 in Paris treffen, um den Deutsch-Französischen Freundschaftsvertrag abzuschließen. In diesem Abkommen vereinbaren beide Staaten regelmäßige Treffen ihrer Regierungschefs. Nach der Unterzeichnung umarmen sich Adenauer und de Gaulle als Zeichen der Versöhnung zwischen ihren Nationen. Noch im selben Jahr wird das Deutsch-Französische Jugendwerk gegründet, das dazu beitragen soll, bei der jungen Generation Vorurteile ab- und gegenseitiges Verständnis aufzubauen. Im Laufe der Zeit wachsen Deutschland und Frankreich immer näher zusammen und werden gemeinsam zum Motor der

ıres« in der DDR

· **7.–18.2.1984** Die DDR ist die erfolgreichste Mannschaft bei den Olympischen Winterspielen in

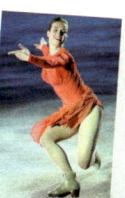

Deutsch-französische
Freundschaft: Chirac
und Schröder

Europäischen Union. Jacques Chirac (*1932) und Gerhard Schröder (*1944) führen diese Tradition der Versöhnungsgesten fort. Als Schröder am 6. Juni 2004 als erster deutscher Bundeskanzler zum Jahrestag der Landung der Alliierten in der Normandie eingeladen wird, umarmt auch er den französischen Staatspräsidenten. Die Erbfeindschaft ist nur mehr Geschichte.

Der Vollblutpolitiker Helmut Kohl

Helmut Kohl stammt aus einer christlich geprägten Familie. Während sein älterer Bruder zur Wehrmacht eingezogen wird und im Krieg fällt, ist er zu jung für den Kriegseinsatz. Als unmittelbar nach Kriegsende die CDU als neue christliche Partei gegründet wird, tritt ihr Kohl schon mit 16 Jahren bei. Er ist Vollblutpolitiker und verfolgt entschlossen seine Laufbahn. Am 19. Mai 1969 wird er zum Ministerpräsidenten von Rheinland-Pfalz gewählt. Von Anfang an sieht Kohl in der europäischen Einigung »eine große Chance für Deutschland«. Bereits mit Adenauer diskutiert der junge Historiker die Zukunft Europas. Eines steht für Kohl bald fest: Der Nationalstaat wird erst dann seine Möglichkeiten voll entfalten, wenn er in eine Staatengemeinschaft eingebunden ist.

Kommentar

»Unterschätzt zu werden, muss in der Politik nicht schaden«

Helmut Kohl ist der Beweis: Es muss in der Politik nicht schaden, unterschätzt zu werden. Und unterschätzt haben ihn viele, ich am Anfang auch: Nach dem brillanten Schmidt wirkten Kohls Reden zum Teil einfach nur pfälzisch-bieder. Und den geistig-moralischen Anspruch seines hohen Amtes hat Kohl auch nicht immer erfüllt – ein Parteispendenskandal überschattete seinen politischen Abgang. Trotzdem: Verdun war für mich 1984 ein Wendepunkt. Da begann ich diesen Kanzler zu respektieren. Mir wurde klar, diesem Mann ist Europa Herzenssache. Dem sind die Schrecken der Kriege noch so leibhaftig, dass er unermüdlich an einem friedlichen Europa arbeiten wird. So war er in meinen Augen schon vor 1989 ein erfolgreicher Kanzler, die Einheit machte ihn dann zu einem großen.

162

Nur so können Kriege auf Dauer verhindert und in der Wirtschaft neue Wege beschritten werden. Mit diesem Ziel zieht er 1976 als Kanzlerkandidat der CDU/CSU in den Wahlkampf gegen den SPD-Politiker Helmut Schmidt (*1918), dem er jedoch unterliegt. Seine Partei erzielt dennoch ein gutes Ergebnis. Also gibt Kohl seinen Posten als Ministerpräsident auf und geht als Oppositionsführer in den Bundestag nach Bonn.

Kanzlerkandidat Kohl: Blick ins Wahlstudio 1976

Sechs Jahre später ist seine Chance gekommen: Die Koalition aus SPD und FDP zerbricht. Vor allem in der Wirtschaftspolitik gehen die Vorstellungen zwischen den beiden Parteien immer weiter auseinander. Während die SPD die Wirtschaft stärker mit Abgaben belasten will, um die Bürger zu entlasten, spricht sich die FDP für allgemeine Steuererhöhungen und Erleichterungen für die Wirtschaft aus. Am 1. Oktober 1982 kommt es zu einem konstruktiven Misstrauensvotum im Bundestag. Schmidt stellt die Vertrauensfrage. Mit 256 Stimmen wird Helmut Kohl von den Abgeordneten von CDU/CSU und FDP zum neuen Bundeskanzler gewählt. Er aber will seine Kanzlerschaft nicht allein auf das Misstrauensvotum stützen und drängt auf Neuwahlen. Am 6. März 1983 setzt er sich gegen den SPD-Kanzlerkandidaten Hans-Jochen Vogel (*1926) durch. Allerdings kann er nicht verhindern, dass erstmals seit 1957 eine vierte Partei in den Bundestag einzieht: Die Grünen kommen mit 5,6 % knapp über die Fünfprozenthürde und etablieren sich als neue politische Kraft, die sich insbesondere für einen umfassenden Umweltschutz und für soziale Gerechtigkeit einsetzt.

Als Kanzler kann Kohl die außenpolitischen Ideen umsetzen, die ihm schon lange vorschweben. Sein wichtigster Partner in Europa wird dabei François Mitterrand. Bald stimmen beide Politiker ihr Vorgehen regelmäßig ab. Zu ihren Zielen zählen eine verstärkte Fortführung der europäischen Einigung, die Schaffung einer europäischen Währung sowie eine gemeinsame Verteidigungspolitik. So gründen sie 1988 den Deutsch-Französischen Verteidigungs- und Sicherheitsrat (DFVSR) und lassen eine 5000 Mann starke Deutsch-Französische Brigade auf-

1983 ziehen »Die Grünen« erstmals in den Bundestag ein.

163

Kohl besucht den französischen Staatspräsidenten in dessen Sommerresidenz.

stellen. Im selben Jahr unterstützen Kohl und Mitterrand die Gründung des deutsch-französischen Fernsehsenders ARTE, der ein zweisprachiges Programm ausstrahlt. Beim Zustandekommen des Maastricht-Vertrags 1992, der unter anderem die Einführung einer gemeinsamen europäischen Währung, des Euro, regelt, sind sie erneut federführend. Das Phänomen ihrer gemeinsamen Ansichten bringt Kohl auf einer Pressekonferenz auf den Punkt: »Ich weiß nicht, was mein Freund Mitterrand darüber denkt, aber ich denke genauso.«

Erfolge und Affären

Mit Blick auf die Jahre 1933–45 bedeutet außenpolitisches Handeln für Deutschland auch immer die Auseinandersetzung mit der eigenen Geschichte und der Verantwortung für Völker und Länder, die in besonderem Maße unter dem NS-Regime zu leiden hatten: So ist es ein weiteres Ziel Helmut Kohls, die bereits von Adenauer begonnene Aussöhnung mit Israel fortzusetzen. Zuletzt hatte Willy Brandt (1913–1992) das Land 1973 als Kanzler besucht. Kohl trifft seinerseits am 24. Januar 1984 in Tel Aviv ein. Auf den Kanzler wartet keine leichte Aufgabe. Erschwert wird sie zudem durch den kurz zuvor in der Bundesrepublik gefassten Beschluss, Saudi-Arabien, einen Feind Israels, mit modernen Waffen zu beliefern. Vor dem Abflug bezeichnet Kohl sich als

Die Aussöhnung mit Israel fortsetzen

Vertreter eines »neuen Deutschlands« und als »ersten Bundeskanzler aus der Nachkriegsgeneration«. Er will unbefangener und offener auftreten als seine Vorgänger und geht auf Distanz zur Generation der Täter des Dritten Reiches. Trotz des Waffengeschäfts mit Saudi-Arabien zeigt sich Israel entgegenkommend und gibt ihm die Gelegenheit, in einem Raum der Knesset, dem israelischen Parlament, zu sprechen.

Als Kohl den Saal betritt, verlassen drei Abgeordnete demonstrativ den Raum. Ein vierter ruft den Bundeskanzler mit einem Plakat dazu auf, den Holocaust nicht zu vergessen. In seiner Rede bezeichnet sich Kohl als einen Menschen, »der in der Nazizeit nicht in Schuld geraten konnte, weil er die Gnade der späten Geburt und das Glück eines besonderen Elternhauses gehabt hat«. Vor allem in Israel versteht man diese Äußerung so, als wolle sich Helmut Kohl aus der historischen Verantwortung stehlen. Der außenpolitisch noch unerfahrene Kanzler scheint nicht die passenden Worte zu finden. Als er 1995 ein zweites Mal nach Israel reist, unterlaufen ihm diese Fehler nicht mehr. Der Umgang mit Regierungschef Jitzchak Rabin (1922–1995) ist freundschaftlich und offen.

An diesen gelungenen Besuch kann auch Angela Merkel (*1954) anknüpfen, als sie Israel 2008 anlässlich des 60. Jahrestags seiner Staatsgründung besucht. Ihre Rede vor der Knesset erhält spontanen Beifall einiger Abgeordneter, obwohl die Statuten dies ausdrücklich verbieten. Die Bundeskanzlerin beginnt ihre Ansprache auf Hebräisch und bezeichnet die gemeinsame Erinnerung an den Holocaust als die Grundlage für den weiteren Ausbau der Beziehung beider Staaten: »Deutschland und Israel sind und bleiben – und zwar für immer – auf besondere Weise durch die Erinnerung an die Schoah verbunden. [...] Nur wenn sich Deutschland zu seiner immerwährenden Verantwortung für die moralische Katastrophe in der deutschen Geschichte bekennt, können wir die Zukunft menschlich gestalten.« Klare Worte, die in beiden Ländern positiv aufgenommen werden.

Während sich Helmut Kohl außenpolitisch mehr und mehr profilieren kann, wird sein Ruf innerhalb der Bundesrepublik durch die Flick-

Drei Abgeordnete verlassen demonstrativ den Raum.

Kohl auf seiner ersten Israelreise 1984

165

Affäre beschädigt. Etwa zeitgleich mit Kohls Wahl zum Kanzler beginnt die Staatsanwaltschaft mit ihren Ermittlungen. Bald steht fest, dass der Flick-Konzern in den zurückliegenden Jahren etwa 25 Millionen D-Mark an verschiedene Politiker gezahlt hat. Parteispenden, behauptet der Konzern. Bestechung und Steuerhinterziehung, vermutet die Staatsanwaltschaft. Ein Untersuchungsausschuss wird eingesetzt. Obwohl sich der Vorwurf der Bestechlichkeit am Ende nicht nachweisen lässt, bleibt ein bitterer Beigeschmack zurück. Das Vertrauen der Bürger in die Demokratie und die Aufrichtigkeit von Politikern wird nachhaltig erschüttert. Bei der Bundestagswahl am 25. Januar 1987 muss die CDU/CSU zwar Verluste hinnehmen, kann jedoch zusammen mit der FDP weiterhin regieren. Kohl kann sich gegen den SPD-Kanzlerkandidaten Johannes Rau (1931–2006) durchsetzen. Die Grünen er-

Demonstration gegen Kohl während der Flick-Affäre

Steffen Seibert fragt:

UNIV.-PROF. DR. KARL-RUDOLF KORTE
NRW School of Governance, Universität Duisburg-Essen

»Viel zitierte Schlagworte zur Kohl-Ära: Was steckt dahinter?«

Prof. Korte, welches Geschichtsverständnis verbirgt sich hinter dem Ausdruck »Gnade der späten Geburt«?
Kohl drückte mit dieser Aussage seine Erleichterung darüber aus, dass er – bedingt durch sein junges Alter – am Nationalsozialismus in Deutschland keinen unmittelbaren Anteil gehabt habe. Eine Einschätzung, die verkennt, dass historische Verantwortung nicht an der Generationengrenze endet. In der Öffentlichkeit wurde daraufhin entsprechend diskutiert, ob die Aussage Kohls seine Generation nicht zu schnell ihrer historischen Haftung für die Gräueltaten der Nazis entbunden habe.

Ist Kohl tatsächlich der »Architekt der Einheit«?
Sicherlich legte Kohl mit seinem Zehn-Punkte-Programm den Grundstein für die Verhandlungen über die deutsche Einheit. Allerdings waren andere Politiker wie der deutsche Außenminister Hans-Dietrich Genscher, der sowjetische Generalsekretär Michail Gorbatschow und US-Präsident George Bush senior ebenso maßgeblich an diesem Prozess beteiligt.

Hat Kohl wirklich Probleme »ausgesessen«, wie ihm immer wieder vorgehalten wurde?
Der Vorwurf, Kohl hätte Probleme ausgesessen, statt zu lösen, liegt darin begründet, dass sich die Bevölkerung oftmals ein schnelles politisches Handeln gewünscht hätte. Kohls Entscheidungen fielen aber zu einem Zeitpunkt, den er selbst bestimmte. Dabei ließ er sich vom Prinzip leiten: Nichts erhöht die Autorität mehr als Schweigen.

reichen 8,3 % und werden endgültig zu einer festen Größe in der westdeutschen Politik.

Dialog mit dem Osten

In der neuen Legislaturperiode setzt Kohl einen seiner politischen Schwerpunkte auf den Dialog mit dem Osten – eine Entwicklung, die sich schon in den frühen 80er-Jahren ankündigt. Bereits im Juli 1983 reist er zusammen mit Außenminister Hans-Dietrich Genscher (*1927) nach Moskau, um Probleme der Abrüstung zu erörtern und die wirtschaftlichen Beziehungen auszubauen. Ein Jahr später trifft er in Moskau erstmals mit Erich Honecker (1912–1994) zusammen. Eine Annäherung zwischen den beiden deutschen Staaten scheint möglich, doch wird ein geplanter Besuch Honeckers in der Bundesrepublik wieder abgesagt. Erneut haben sich die Beziehungen durch die Stationierung von atomaren Mittelstreckenraketen in Ost- und Westeuropa verschlech-

Kohl empfängt Honecker 1987 mit militärischen Ehren.

tert. Moskau lässt Honecker vorerst nicht reisen. Erst als der russische Politiker Michail Gorbatschow (*1931) im März 1985 an die Macht kommt, beginnt eine neue Phase der Entspannung. Und Honecker stattet dem Westen einen Besuch ab: Am 7. September 1987 wird er mit allen protokollarischen Ehren eines Staatsoberhauptes in Bonn empfangen. Kritiker sind entsetzt, sie sehen darin eine Akzeptanz des SED-Regimes durch die Bundesrepublik. In seiner Tischrede fordert Honecker zum wiederholten Mal »die Anerkennung der Existenz zweier, voneinander unabhängiger, souveräner deutscher Staaten«. Kohl hingegen verweist auf das verbindende kulturelle Erbe und die Gemeinsamkeit: »Das Bewußtsein für die Einheit der Nation ist wach wie eh und je.« Es gilt, so der Kanzler, »abzubauen, was die Menschen trennt«. Zu diesem Zeitpunkt ist ein Ende der DDR keineswegs abzusehen. Noch nicht einmal Helmut Kohl ahnt, dass die Mauer bereits zwei Jahre später fallen wird.

»Abbauen, was die Menschen trennt«

»Wir sind das Volk!«

Hunderttausende gehen gegen das DDR-Regime auf die Straße

»Keine Gewalt!«

Noch immer strömen Menschen aus der Leipziger Nikolaikirche. Sie kommen nur langsam voran, denn auf der Straße treffen sie auf eine große Menschenmenge. Die ganze Stadt scheint auf den Beinen zu sein, insgesamt rund 70 000 Bürger. Fast alle haben in der Kirche oder im Stadtfunk den Aufruf gehört, gewaltfrei zu demonstrieren. »Keine Gewalt!«, fordern die Sprechchöre. Andere rufen selbstbewusst: »Wir sind das Volk!« Die Parole richtet sich gegen die SED. Eine Partei, die seit ihrer Gründung 1946 vorgibt, als Einzige die wahren Interessen des Volkes zu vertreten. Daran glauben in der DDR allerdings immer weniger Menschen. Denn Mauerbau, Reiseverbot, Zensur, Mangelwirtschaft, Stasi und die Verfolgung Andersdenkender sprechen eine andere

Massaker auf dem Platz des himmlischen Friedens in Peking

Sprache. Die älteren Demonstranten können sich noch gut an den Volksaufstand vom 17. Juni 1953 erinnern, der mithilfe sowjetischer Panzer blutig niedergeschlagen wurde. Die Jüngeren haben die aktuellen Bilder vom 3. und 4. Juni 1989 vor Augen, Bilder vom Platz des himmlischen Friedens in Peking. Mit Panzern und ohne Rücksicht auf Menschenleben war die chinesische Regierung gegen die Mitglieder der Demokratiebewegung vorgegangen.

Ein vergleichbares Ende fürchten auch viele Teilnehmer der Demonstration in Leipzig, am Montag, dem 9. Oktober 1989. Gerüchte schüren die Furcht: Umliegende Krankenhäuser sollen Stationen geräumt und sich auf eine große Zahl Verletzter vorbereitet haben. Zusätzliche Ärzte und Pfleger sollen bereitstehen, Transporter mit Blutkonserven eingetroffen sein. Doch als Teil einer riesigen Menschenmasse fassen viele Mut. Ihre Sprechchöre gewinnen an Lautstärke, die Einsatzkräfte warten ab. Niemand hatte mit einem derart großen Auflauf gerechnet, gleichzeitig bleiben klare Befehle aus Ostberlin aus. Da die Demonstranten weder Steine werfen noch Autos anzünden, wie ein

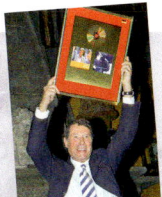

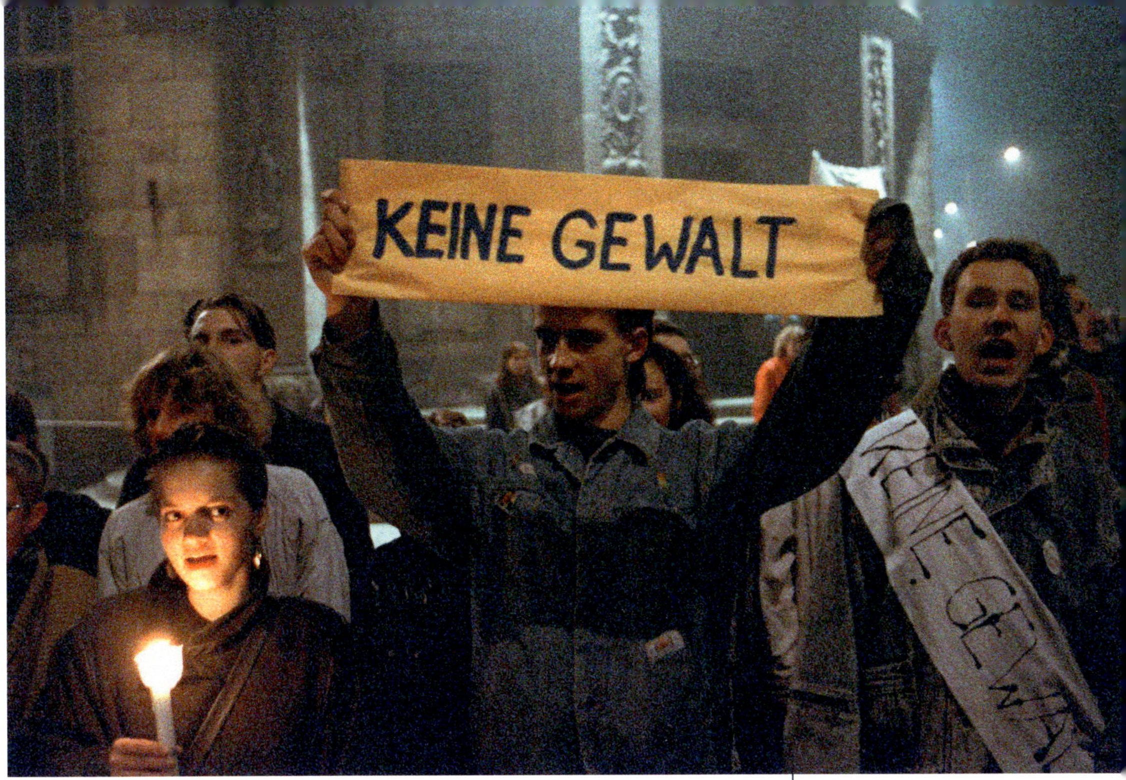

Montagsdemonstration in Leipzig

paar Tage zuvor in Dresden, hält sich die Volkspolizei zurück. Auch die Verantwortlichen der Einsatzkräfte haben den Aufruf von Gewandhauskapellmeister Kurt Masur (*1927) gehört, in dem er die Bürger ermahnt: »Wir bitten Sie dringend um Besonnenheit, damit der friedliche Dialog möglich wird.« Es bleibt friedlich. Erst spät in der Nacht kehren die letzten DDR-Bürger zurück in ihre Wohnungen. Am nächsten Montag wollen sie wieder auf die Straße. Um endlich die Freiheiten zu erhalten, die die Deutschen in der Bundesrepublik schon seit Jahrzehnten besitzen.

Die friedliche Revolution nimmt ihren Anfang.

Der friedliche Verlauf der Demonstration macht nicht nur in Leipzig schnell die Runde. Trotz Drehverbot übertragen ARD und ZDF Bilder der Proteste. Bürgerrechtler haben heimlich Filmmaterial aus der Stadt geschmuggelt. SED-Chef Erich Honecker (1912–1994) ist außer sich. Die für kommenden Montag zu erwartende Demonstration will er auf jeden Fall abwenden und beordert zusätzliche Sicherheitskräfte in die Stadt. Die Befehlshaber vor Ort werden angewiesen, einen erneuten Protestmarsch mit allen Mitteln zu unterbinden. Zur Abschreckung will Honecker ein Panzerregiment durch die Straßen rollen lassen. Er ahnt, dass die Zukunft der DDR in Leipzig entschieden wird. Die

usende im Ostberliner Friedrichstadtpalast

· **1.4.1987** Die Bundesrepublik beginnt mit der Ausgabe des neuen

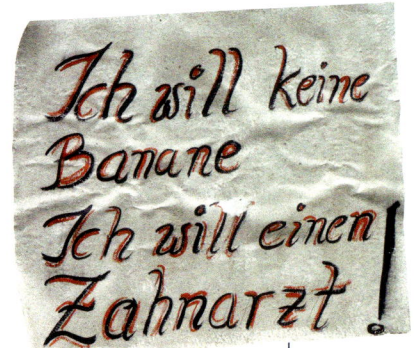

übrigen Mitglieder des Politbüros des Zentralkomitees der SED befürchten allerdings eine Eskalation, die nicht mehr zu kontrollieren ist. Sie wollen verhindern, dass sich gewalttätige Ausschreitungen wie in Peking wiederholen. In Leipzig und in anderen Städten haben SED-Funktionäre inzwischen damit begonnen, mit Bürgerrechtlern und Demonstranten zu reden. Der mehr als überfällige Dialog zwischen Volk und Partei ist zwar noch sehr zaghaft, aber er findet statt. Dieses Mal kann sich Honecker nicht durchsetzen, das Politbüro ist nicht mehr bereit, dem mächtigsten Mann des Staates zu folgen. Vor allem Egon Krenz (*1937) sieht die Gefahr einer drohenden Katastrophe mit unabsehbaren Folgen.

Am darauffolgenden Montag marschieren 150 000 Menschen friedlich über den Innenstadtring von Leipzig. »Erich, leit' Reformen ein, oder geh ins Altersheim!« und »Stasi raus!« steht auf Transparenten. Sprechchöre fordern Meinungs- und Pressefreiheit. Zum ersten Mal berichtet auch das Fernsehen der DDR über die Demonstration. Zwei Tage später, am 18. Oktober, wird Honecker vom Politbüro zum Rücktritt ge-

Kommentar

»Wir haben die Helden zu schnell nach Hause geschickt«

Wo sind all die Helden von 1989? Und ich schreibe Helden ohne Ironie. Ich sehe in den Leipziger Marschierern Helden, und in allen, die damals Zivilcourage zeigten, die sie sich selber gar nicht zugetraut hätten. Warum tauchen nur wenige von ihnen im politischen Leben von heute auf? Die Bürgerrechtler, die Kirchenleute, die Umweltaktivisten haben dem SED-Unterdrückungsapparat getrotzt. Kaum war die neue Freiheit dann aber da, gab es für die meisten von ihnen keine Verwendung mehr. In den gut geölten Maschinen der Westparteien saßen andere am Drücker und sorgten dafür, dass das so blieb. Der Idealismus, der die Diktatur stürzte, wurde bald nicht mehr bejubelt, sondern belächelt. Für mich ist das ein bitterer Gedanke in all der Wende-Freude: Wir haben die Helden zu schnell nach Hause geschickt.

172

zwungen. Egon Krenz, sein Nachfolger als Generalsekretär der SED, soll retten, was zu retten ist. Er verspricht den aufgebrachten Bürgern Reformen und kündigt eine Wende an. Doch auch er kann zu diesem Zeitpunkt das Ende der SED-Herrschaft nicht mehr aufhalten. Am 23. Oktober sind bereits mehr als 300 000 Menschen auf Leipzigs Straßen unterwegs. In Ostberlin demonstriert am 4. November sogar eine Million Menschen. Die SED-Funktionäre haben viel über Revolutionen gelesen. Nun haben sie Gelegenheit, eine zu erleben. Begeistert sind sie dennoch nicht. Denn das Ziel dieser friedlichen Revolution ist ihre Entmachtung.

Auch das DDR-Fernsehen berichtet über die Montagsdemos.

Wettrüsten und die Mängel der Planwirtschaft

Wie ist es zu dieser Situation gekommen? In den 1980er-Jahren dreht sich die Welt spürbar schneller. Während die Weltwirtschaft mehr und mehr zusammenwächst, verändern sich die Produktionstechniken der Industrie. Computer werden überall immer unverzichtbarer. In den westlichen Industrieländern gewinnen Umweltbewegungen an Bedeutung, die gegen die nicht mehr zu leugnende Zerstörung der Natur demonstrieren. Auch der Rüstungswettlauf zwischen der NATO und dem Warschauer Pakt spitzt sich weiter zu. Ronald Reagan (1911–2004), seit 1981 Präsident der USA, will den Ostblock mithilfe der Rüstungskosten in die Knie zwingen. Als die Sowjetunion ihre auf Westeuropa gerichteten Mittelstreckenraketen auf Modelle mit höherer Reichweite und besserer Zielgenauigkeit umstellt, reagiert Reagan sofort: Er stellt den Bau eines Raketenabwehrsystems im Weltraum (SDI) vor und lässt gleichzeitig in Europa neue Atomraketen stationieren. Die atomare Bedrohung versetzt viele Menschen in einen unerträglichen Spannungszustand. Eine weltweite Friedensbewegung formiert sich. In der Bundesrepublik ist sie besonders stark.

In den 1980er-Jahren dreht sich die Welt spürbar schneller.

Die Länder des Ostblocks verlieren nicht nur den Rüstungswettlauf. Auch ihre träge Planwirtschaft kann mit den ständigen Veränderungen nicht mithalten. Die Industriebetriebe veralten, Neuentwicklungen nehmen zu viel Zeit in Anspruch, ehe sie funktionieren. Insbesondere auf dem Gebiet der Mikroelektronik scheint der Westen uneinholbar.

173

Die Lücken bei der Versorgung der Bürger mit Konsumgütern werden zunehmend größer. Die Unzufriedenheit wächst, und mit ihr der Widerstand. In Polen gründen streikende Werftarbeiter 1980 die unabhängige Gewerkschaft Solidarność. In der DDR veröffentlichen 1982 die Regimekritiker Robert Havemann (1910–1982) und Rainer Eppelmann (*1943) den »Berliner Appell – Frieden schaffen ohne Waffen« und wenden sich damit öffentlich gegen das Wettrüsten. Ein Jahr später demonstrieren Mitglieder der DDR-Friedensbewegung in Ostberlin und werden verhaftet. 1984 flüchten erstmals DDR-Bürger in die Botschaften westlicher Staaten und erzwingen so ihre Ausreise. Im selben Jahr steigt die Zahl der Ausreiseanträge auf fast 41 000 an. Diese Entwicklung ist nicht die einzige Sorge der SED-Führung. An erster Stelle steht die schwierige wirtschaftliche Lage der DDR. Wegen der weltweit gestiegenen Preise und den Mängeln der Planwirtschaft kann das Land die in den 1970er-Jahren aufgenommenen Kredite bei Westbanken nicht vertragsgemäß zurückzahlen. Abhilfe schaffen nur neue Kredite. Als Retter in der Not bietet sich der bayerische Ministerpräsident Franz Josef Strauß (1915–1988) an, der 1983 den ersten von zwei Krediten über je eine Milliarde D-Mark vermittelt. Im Gegenzug erklärt sich die DDR bereit, die Selbstschussanlagen an der Grenze abzubauen.

»Frieden schaffen ohne Waffen«

Plakat der DDR-Friedensbewegung

Gorbatschow und die Folgen

Am 11. März 1985 wird in der Sowjetunion ein neuer Generalsekretär der KPdSU gewählt. In den letzten Jahren hatten Veteranen des Zweiten Weltkriegs und konservative Männer dieses Amt bekleidet. Dieses Mal entscheidet sich das Zentralkomitee für den erst 54 Jahre alten Michail Gorbatschow (*1931). Er kennt den Westen sowie die Schwächen des sowjetischen Systems, das er reformieren will. Glasnost (Offenheit) und Perestroika (Umstrukturierung) heißen seine Antworten auf die verkrusteten Strukturen im Land. Gorbatschows Ziel ist ein moderner Sozialismus mit einem hohen Maß an Meinungsfreiheit und einer funktionierenden Wirtschaft. Außerdem ist er zu einer umfassenden Abrüstung bereit. Nach anfänglichen Vorbehalten wird der neue Mann vom Westen

Glasnost und Perestroika

als ernst zu nehmender Verhandlungspartner angesehen. Mehrere Gipfeltreffen mit US-Präsident Reagan finden statt und allmählich bahnt sich ein Ende des Kalten Kriegs an – aber auch ein Ende des sowjetischen Systems und des Sozialismus, der sich als nicht reformierbar erweist. Gorbatschow leitet einen politischen Wandel ein, der auf eine Demokratisierung hinausläuft. Sogar den Klammergriff der Sowjetunion hebt er auf und erklärt 1988 das Ende der Breschnew-Doktrin, der politischen Bevormundung der Länder des Ostblocks. Von nun an können sie ihr politisches System selbst bestimmen. Und genau das tun sie auch. Entweder leiten führende Politiker eine Wende ein, oder Oppositionsgruppen drängen auf Reformen. Panzer aus der Sowjetunion wie 1956 in Ungarn oder 1968 in der Tschechoslowakei braucht nun niemand mehr zu fürchten.

Michail Gorbatschow

So sehr Gorbatschows Politik in vielen Ländern begrüßt wird, so sehr wird sie von der SED-Führung abgelehnt. Honecker sieht seine Macht zunehmend durch die Umwälzungen in der Sowjetunion und in den Nachbarstaaten gefährdet. Er reagiert abweisend auf den frischen Wind aus Moskau und beharrt auf dem alten Kurs. Standen bislang nur westliche Medien auf der Verbotsliste, dürfen nun auch neuere sowjetische

DEINE MEINUNG

Sind Demos demokratisch wirksam?

» Die Menschen scheinen einen Teil ihres Denkvermögens oder ihres Selbstbewusstseins verloren zu haben, wenn sie meinen, nichts bewirken zu können. Sie vergessen: Jeder Politiker will wieder gewählt werden.

Doch kaum einer gibt seine Unzufriedenheit preis. Was »von oben« vorgegeben wird, wird ohne Widerrede hingenommen. Dabei vergessen die Leute, wie viel Macht sie hätten, wenn sie sich zusammenschließen und ein gemeinsames Ziel verfolgen würden. Zum Beispiel die Absetzung der Studiengebühr. Hätten alle Studenten ein kostenpflichtiges Studium verweigert, hätte die Gebühr noch nicht Einzug gefunden.

Leider sind die meisten Menschen zu Einzelkämpfern verkommen und somit ist die Bedeutung von Demokratie, in der wir leben, in Vergessenheit geraten und wertlos geworden: Die Macht liegt beim Volk.

Bettina Schneider, 19, Schülerin

» Mit Demonstrationen kann man nichts erreichen. Wer glaubt, durch simplen Protest Gesetze ändern zu können, ist entweder naiv oder verblendet vom »Wir können etwas bewirken«-Gequatsche politischer Gruppen. Politikern ist doch meist egal, was die Mehrheit denkt, möchte oder was ihr guttut. In Deutschland ist das Demonstrationsrecht im Grundgesetz verankert. Aber was bringt es, wenn die Meinungen der Demonstranten von Politikern zur Kenntnis genommen und, sobald die Demo vorbei ist, ignoriert werden?

Ich habe mal an den Sinn von Demos geglaubt und mit 10 000 Studenten gegen einschneidende Veränderungen im Sächsischen Hochschulgesetz protestiert. Gebracht hat es nichts. Das Gesetz wurde wie von den Politikern gewünscht im Landtag verabschiedet. Demonstrationen sind nichts als gespielte Demokratie.

Eric Mildner, 22, Student

Filme nicht mehr gezeigt und bestimmte Zeitschriften nicht mehr verkauft werden. Reden und Erklärungen Gorbatschows werden nicht vollständig, sondern nur in Auszügen veröffentlicht. Dennoch ist der Versuch, dem Bürger den Wandel des gesamten Sowjetsystems vorzuenthalten, aussichtslos. Das Westfernsehen bringt die Hoffnung auf eine andere Zukunft ins Haus. Immer öfter regt sich Widerstand. Immer häufiger werden Bürgerrechtler und Oppositionelle verhaftet. Die Zahl der Ausreisewilligen und Flüchtlinge steigt ebenfalls an. Viele Kirchen werden zu Treffpunkten von Bürgern, die eine andere DDR wollen. Die bekannteste ist die Nikolaikirche in Leipzig. Hier sind die Friedensgebete des evangelischen Pfarrers Christian Führer (*1943) zu hören, die in der ganzen Stadt Zuversicht verbreiten. Daran kann auch die allgegenwärtige Stasi nichts ändern.

Friedensgebete verbreiten Zuversicht.

Der Eiserne Vorhang wird durchbrochen

Während die SED weiterhin an ihrem Machtanspruch festhält, wagen die Ungarn bereits den nächsten Schritt und öffnen am 2. Mai 1989 die Grenze nach Österreich. Im Eisernen Vorhang klafft nun eine großes Lücke, die bald Tausende von DDR-Bürger nutzen, um in den Westen zu gelangen. Die Bitten Honeckers an den ungarischen Minister-

DDR-Flüchtlinge klettern über den Zaun der bundesdeutschen Botschaft in Prag.

176

präsidenten Miklós Németh (*1948), diese Fluchtbewegung aufzuhalten, bleiben ohne Erfolg. Andere suchen Schutz und Hilfe in den Botschaften der Bundesrepublik in Warschau oder Prag. Dort finden sich
im Laufe des Septembers mehr als 4000 Flücht-
linge ein, die nur mit Mühe versorgt werden können. Nach schwierigen Verhandlungen mit dem
sowjetischen Außenminister und den Verantwortlichen in der DDR trifft der bundesdeutsche
Außenminister Hans-Dietrich Genscher (*1927)
am 30. September in der Prager Botschaft ein
und verkündet: »Liebe Landsleute, wir sind zu
Ihnen gekommen, um Ihnen mitzuteilen, dass
heute Ihre Ausreise in die Bundesrepublik
Deutschland möglich geworden ist.« Die letz-

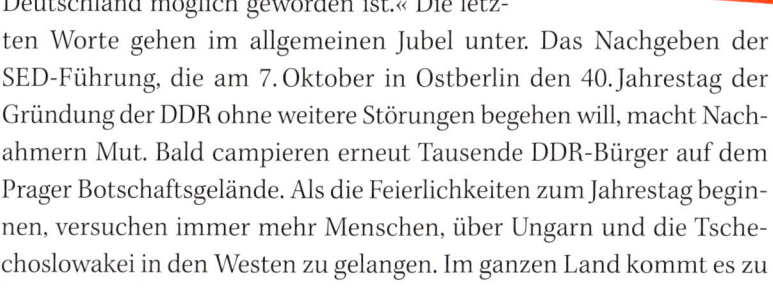

ten Worte gehen im allgemeinen Jubel unter. Das Nachgeben der
SED-Führung, die am 7. Oktober in Ostberlin den 40. Jahrestag der
Gründung der DDR ohne weitere Störungen begehen will, macht Nach-
ahmern Mut. Bald campieren erneut Tausende DDR-Bürger auf dem
Prager Botschaftsgelände. Als die Feierlichkeiten zum Jahrestag beginnen, versuchen immer mehr Menschen, über Ungarn und die Tschechoslowakei in den Westen zu gelangen. Im ganzen Land kommt es zu
lautstarken Protesten.

Gorbatschow und Honecker
bei den Feierlichkeiten zum
40. Gründungstag der DDR

Hatte die erste Montagsdemonstration am 4. September noch wenige Teilnehmer, so steigt die Zahl nun von Woche zu Woche an.
Anfangs können Stasi und Volkspolizei noch gegenhalten, es kommt
zu Massenverhaftungen. Auf Dauer aber haben die Sicherheitsorgane
keine Chance. Sogar in Ostberlin finden sich Demonstranten zusammen und rufen: »Gorbi, Gorbi, hilf uns!« Der Adressat ist derzeit Gast
von Erich Honecker anlässlich der aufwendig inszenierten Jubelfeier.
Unter vier Augen gibt Gorbatschow dem alten SED-Chef einen letzten
Ratschlag, bevor er das Land verlässt: »Das Leben verlangt mutige Entscheidungen. Wer zu spät kommt, den bestraft das Leben.« Honecker
aber bleibt stur. Seine Sicht der Dinge ist eine ganz andere: »Die Mauer
wird auch noch in 50 und auch in 100 Jahren noch bestehen bleiben,
wenn die dazu vorhandenen Gründe nicht beseitigt sind.« Bereits einen
Monat später wird auch er Zeuge einer anderen Realität werden.

**»Wer zu spät kommt,
den bestraft das Leben.«**

177

»Jetzt wächst zusammen, was zusammengehört.«

»Wir fluten jetzt!«

Die DDR-Grenzsoldaten am Grenzübergang Bornholmer Straße trauen ihren Augen nicht. Innerhalb von Minuten bildet sich vor den Schlagbäumen eine Menschentraube. Viele kommen zu Fuß, andere mit dem

Trabi. Immer mehr DDR-Bürger strömen aus dem Ostteil Berlins auf den Übergang zu. Unsicher und nervös telefonieren die Uniformierten mit ihren Vorgesetzten. Doch auch die haben keine Order von oben. »Der Schabowski hat's gesagt«, argumentiert einer der Wartenden, »in der Aktuellen Kamera. Wir dürfen rüber!« Die Grenzsoldaten und Passkontrolleinheiten des Ministeriums für Staatssicherheit versuchen, die Menge zu beruhigen. Der Rückstau der Trabis wächst schnell auf mehrere Kilometer an.

Grenzer kontrollieren die Pässe der DDR-Bürger auf dem Weg nach Westberlin

Die Menschenmenge wird zunehmend unüberschaubarer. »Die wollen uns fertigmachen«, fürchtet einer der Grenzer. Endlich klingelt das Diensttelefon. »Ausreisen lassen, aber nicht wieder reinlassen«, lautet der knappe Befehl. Der Vorderste in der Reihe zückt seine Papiere. Der Stempel, den der Uniformierte kopfschüttelnd in den Pass drückt, ist ein Einwegticket nach Westberlin. Der Pass wird durch den Vermerk ungültig, sein ahnungsloser Besitzer ausgebürgert. Die Grenzer stempeln wie am Fließband und doch viel zu langsam. »Wir wollen rüber!«, ruft ein Sprechchor. Die Beamten werden fast erdrückt, während die ersten Ostberliner eine Schleuse passieren und über die Bösebrücke in den unbekannten Teil der Stadt gelangen. Freudenschreie sind zu hören, Beifall und Jubel brechen aus.

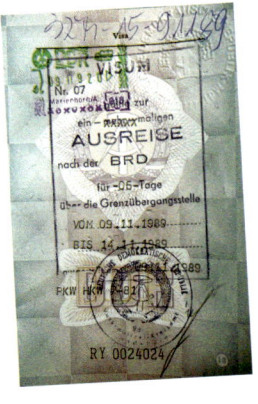

Auf der Westseite sind die Menschen ebenfalls vollkommen perplex. Sie haben zwar die Ankündigung im Fernsehen gesehen, aber wirklich glauben können sie es erst jetzt. Die Mauer ist offen! Nach 28 Jahren! Inzwischen drängen sich vor der Grenzübergangsstelle mehr als 20000 DDR-Bürger. An eine geregelte Abfertigung ist nicht mehr zu denken. Weitere Befehle bleiben aus. Also treffen die Grenzbeamten die Entscheidung selbst und öffnen die Schlagbäume. Die Kontrollen werden

eingestellt. »Wir fluten jetzt!«, lautet die kurze telefonische Meldung an die Zentrale des Ministeriums für Staatssicherheit. Auch an den anderen Übergängen geben die Grenzer dem Freiheitsdrang der Menschen nach. Innerhalb von Minuten erreichen mehr als 200 000 Ostberliner den Westteil der Stadt. Wildfremde Menschen liegen sich in den Armen. Wirte schenken Freibier aus, Sektkorken knallen, Alkohol und Tränen fließen in Strömen, auf dem Kurfürstendamm kommt der Verkehr zum Erliegen. In der Stadt herrscht der Ausnahmezustand – und das nicht nur in der Nacht vom 9. zum 10. November. Auch in den folgenden Tagen ist nichts mehr so, wie es einmal war. Das Berlin des Kalten Kriegs hört auf zu existieren.

Der schönste Versprecher der deutschen Geschichte

Die Ankündigung, auf die sich die Bürger Ostberlins so vehement berufen, stammt von Günter Schabowski (*1929), einem prominenten Mitglied des Politbüros der SED. Am 9. November hat er die Aufgabe, die in den Tagen zuvor vom Zentralkomitee (ZK) und Politbüro beschlossene Neuregelung des Reisegesetzes der Presse vorzustellen. Gespannt warten die Journalisten aus der ganzen Welt im Pressezentrum

Herzliche Begrüßung der DDR-Bürger am Berliner Grenzübergang Stubenrauchstraße

Das Berlin des Kalten Kriegs hört auf zu existieren.

181

Günter Schabowski bei
der Pressekonferenz
am 9. November 1989

in der Mohrenstraße auf seinen Auftritt. In letzter Minute war an dem Text noch gearbeitet worden. Hier und da enthält er handschriftliche Änderungen. Von denen weiß Schabowski jedoch nichts, denn ausgerechnet er war bei der entscheidenden Sitzung des ZK der SED nicht anwesend. Doch es ist zu spät, die Kameras laufen und übertragen live, was der Funktionär vorsichtig dem ihm unbekannten Text entnimmt: »Privatreisen nach dem Ausland können ohne Vorliegen von Voraussetzungen – Reiseanlässe und Verwandtschaftsverhältnisse – beantragt werden. Die Genehmigungen werden kurzfristig erteilt.«

Allein diese Ankündigung ist eine Sensation, denn sie stellt eine völlige Kehrtwende der bisherigen Gesetzgebung dar. Seit dem Bau der Grenzanlagen und der Mauer haben die Bürger der DDR auf dieses Freiheitsrecht warten müssen. Noch sieht die SED eine kleine Chance, den schwer angeschlagenen Staat durch verschiedene Reformen zu retten. Die neue Reisefreiheit soll ein Ventil darstellen und den Behörden zugleich die Kontrolle über die Reisenden sichern. Die Grenze soll zwar durchlässig werden, aber eine Grenze bleiben. Doch dann unterläuft

Kommentar

»Als die Geschichte aus den Büchern in unser Leben trat«

Schon seltsam, an den 9. November 1989, unbestritten den glücklichsten Tag der Deutschen seit Generationen, denke ich selbst voller Frust zurück. Dieses verdammte Gefühl, dass die Geschichte plötzlich – und wie es vielleicht nur einmal geschieht – aus den Büchern in unser Leben trat, und ich war dort, wo nichts passierte – in Frankfurt. An anderen Tagen eine wunderbare Stadt, aber am 9.11.1989 der völlig verkehrte Ort. Bis tief in die Nacht erzählten mir Berliner Freunde am Telefon, wie sie auf der Mauer tanzten und Wildfremden in den Armen lagen. Und ich saß 500 Kilometer weit weg, mitten in der Journalistenausbildung und hatte nicht den Mut, dem ZDF zu sagen, ihr müsst jetzt mal eine Woche auf mich verzichten. So blieb nur Fernsehen und mich wundern, über mein Land und über meine eigenen Freudentränen.

Schabowski ein Fehler, der diesen Plan zunichte macht. Auf die Frage eines Journalisten, ab wann die neue Regelung gilt, antwortet er irritiert und in seinem Text nach einer passenden Aussage suchend: »Das tritt nach meiner Kenntnis … ist das sofort, unverzüglich.«

Für Hunderttausende Ostberliner ist dies der Startschuss für den lang ersehnten Ausflug in den Westteil der Stadt. Die Behörden werden überrumpelt. So missglückt der schrittweise Übergang zu einer geregelten Reisepraxis. Die einmal geöffnete Mauer lässt sich nicht mehr schließen. Schon am nächsten Tag machen sich die sogenannten Mauerspechte an die Arbeit und schlagen Löcher in das unbeliebteste Bauwerk Berlins. Am 10. November treffen der amtierende Bundeskanzler

Ein Mauerspecht bei der Arbeit

Helmut Kohl (*1930) und der ehemalige Bundeskanzler Willy Brandt (1913–1992) in der Stadt ein und werden von den Bürgern aus Ost und West gefeiert. Brandt drückt die Hoffnungen vieler Menschen aus, als er sagt: »Jetzt wächst zusammen, was zusammengehört.«

Die DDR ist nicht mehr zu retten

Bereits Monate zuvor haben Bürgerrechtler und Oppositionelle zahlreiche Gruppen gegründet, die lautstark die Entmachtung der SED fordern. Besonders bekannt wird das »Neue Forum«, zu dessen Gründungsmitgliedern die Malerin Bärbel Bohley (*1945) zählt. Aber auch »Demokratie Jetzt« und der »Demokratische Aufbruch«, dem sich die Physikerin und spätere Bundeskanzlerin Angela Merkel (*1954) anschließt, setzen die SED unter Druck. Als die Proteste und Demonstrationen nicht mehr nachlassen, streicht die Volkskammer den Führungsanspruch der SED aus der Verfassung der DDR. Der Weg zu einem demokratischen Mehrparteiensystem zeichnet sich ab. Am 3. Dezember 1989 tritt das Politbüro der SED inklusive Egon Krenz (*1937) zurück. Führende Genossen wie Honecker (1912–1994), Stasi-Chef Erich Mielke (1907–2000) und Willi Stoph (1914–1999) werden aus der Partei ausgeschlossen. Auf einem Sonderparteitag Mitte Dezember wird die Partei in »Sozialistische Einheitspartei Deutschlands – Partei des Demokratischen Sozialismus« (SED-PDS) umbenannt.

Das »Neue Forum«: für die Entmachtung der SED

183

Neuer Regierungschef wird Hans Modrow (*1928), ein Reformpolitiker, der sich frühzeitig um einen Dialog der SED mit der Bürgerrechtsbewegung bemüht. Auch mit der Bundesregierung unter Helmut Kohl nimmt er Gespräche auf. Kohl und Modrow treffen sich am 22. Dezember in Berlin, um gemeinsam die Öffnung des Brandenburger Tors zu feiern. Mehr als 100 000 Menschen verfolgen jubelnd den Abbau der Betonsegmente

Am »Runden Tisch« beschließen Vertreter von Parteien, Kirchen und Oppositionsgruppen freie Wahlen.

der Mauer, die innerhalb weniger Monate Geschichte wird. Modrow hat jedoch nicht nur repräsentative Aufgaben. Regelmäßig trifft er sich mit den oppositionellen Gruppen am eigens eingerichteten Runden Tisch. Dort erhalten Bürgerrechtler, ehemalige Blockparteien und neu gegründete Parteien die Möglichkeit, an Entscheidungen der Regierung mitzuwirken. Auf ein nahes Ziel können sich alle schnell verständigen: freie Wahlen. Ein anderes wird bereits von den Sprechchören der noch immer stattfindenden Montagsdemonstrationen lautstark gefordert. Statt »Wir sind das Volk« ist nun »Wir sind ein Volk« zu hören. Denn nach dem Fall der Mauer ist plötzlich etwas möglich, an das viele schon nicht mehr geglaubt haben: die Wiedervereinigung beider deutschen Staaten.

Das Ende der Teilung

Im Osten ist die überwältigende Mehrheit für diesen Schritt. Im Westen ist die Stimmung weniger eindeutig. Als Kohl am 28. November 1989 sein »Zehn-Punkte-Programm« vorlegt, melden sich viele Kritiker zu Wort. Denn der zehnte Punkt fordert ausdrücklich »die Wiedervereinigung Deutschlands«. Nach den ersten ungehinderten Reisen durch die DDR und aufgrund einer umfassenden Berichterstattung über die wirtschaftliche Lage Ostdeutschlands sehen viele Bundesbürger den erreichten Wohlstand in Gefahr. Vor allem Oskar Lafontaine (*1943), Ministerpräsident des Saarlands und SPD-Kanzlerkandidat, warnt vor den möglichen wirtschaftlichen Folgen einer Wiedervereinigung. Viele Finanz- und Wirtschaftsexperten stimmen ihm zu. Auch Joschka Fischer (*1948), Fraktionschef der Grünen im hessischen Landtag, meldet Bedenken an und wendet sich gegen eine übereilte Wiedervereinigung.

Kritische Stimmen zur Wiedervereinigung im Westen

Während im Westen die Diskussion fortgesetzt wird, finden im Osten am 18. März 1990 die ersten freien Wahlen zur Volkskammer statt. Sieger wird das Wahlbündnis »Allianz für Deutschland«, dem CDU, »Demokratischer Aufbruch« und »Deutsche Soziale Union« angehören. Die erste Volkskammer, die diesen Namen auch verdient, wählt den CDU-Politiker Lothar de Maizière (*1940) zum Ministerpräsidenten. Nun haben Kohl und sein Außenminister, Hans-Dietrich Genscher (*1927), einen demokratisch gewählten und gleichberechtigten Partner, mit dem sie umgehend beginnen, die Bedingungen der Wiedervereinigung auszuhandeln. Zuerst wird eine gemeinsame Wirtschafts-, Währungs- und Sozialunion vereinbart, die am 1. Juli 1990 in Kraft tritt. Die D-Mark gilt nun auch in der DDR. Der beschlossene Wechselkurs von 1:1 für kleine Guthaben, Gehälter, Renten und Mieten ist ebenso umstritten wie die Privatisierung der ehemals Volkseigenen Betriebe durch die eigens gegründete Treuhandanstalt. Viele DDR-Betriebe werden dabei weit unter Preis an die Konkurrenz aus dem Westen verkauft. Auch nutzen Spekulanten und Wirtschaftskriminelle die Gunst der Stunde, um sich zu bereichern. Manche Betriebe, die man durchaus

Plakat der »Allianz für Deutschland« für die Wahl zur DDR-Volkskammer

DEINE MEINUNG

Die Mauer ist weg – in den Köpfen auch?

➤➤ Vier Monate nach meinem ersten Geburtstag war der Mauerfall. Wer jünger ist als ich, hat die DDR nicht mal unbewusst erlebt. Aber Vorurteile haben trotzdem alle.

Oft höre ich, es seien immer die blöden Wessis, die sich hier im Osten Land kauften, herzögen und sich nicht in das Gemeindeleben integrierten. Im Urlaub muss ich mir die Frage gefallen lassen, ob ich denn im Osten auch ProSieben gucken könne.

Woher kommen diese Vorurteile? Von Ossi-Wessi-Witzen? Aus DDR-Revival-Filmen? Von den Eltern? Warum auch immer, die Vorurteile sind da, ohne jede Berechtigung – nicht nur in Deutschland. Als ich die Verwandten eines holländischen Freundes besucht habe, wurde ich als Nele aus Ostdeutschland vorgestellt. Verdammt, das ist 20 Jahre her! Langsam ist es Zeit, auch die Mauern in den Köpfen einzureißen.

Nele Fischer, 20, FSJlerin

➤➤ »Suse, bin ich ein Ossi oder Wessi?« Meine kleine Schwester wurde wie ich nach der Wende geboren. Die Begriffe »Ossi« und »Wessi« sind bedeutungslos und die DDR hat mit dem Alltag unserer Generation nichts mehr zu tun.

Eine aktuelle Studie über das Thema DDR im Geschichtsunterricht an deutschen Schulen hat deutlich gemacht, dass die Schüler über Dinge, die vor 20 Jahren den Alltag unserer Elterngeneration entscheidend geprägt haben, kaum und nur ungenau Bescheid wissen.

Es geht nicht mehr darum, wer aus dem Osten und wer aus dem Westen kommt. Allerdings bilden sich ohne Vorwissen in der Regel schneller Vorurteile. Dass wir immer weniger über die DDR wissen, ist also nicht unbedingt ein positiver Nebeneffekt der durchaus positiven Entwicklung, dass wir nicht mehr nach Ost und West unterscheiden.

Susanne Rentsch, 15, Schülerin

hätte retten können, werden so zerschlagen. Manager und Politiker aus dem Westen bestimmen die Umgestaltung des Ostens und übergehen dabei sehr oft die Interessen der Bürger.

Eine weitere offene Frage auf dem Weg zum vereinten Deutschland ist natürlich die Haltung der Siegermächte des Zweiten Weltkriegs. Ohne deren Zustimmung wäre das große politische Ziel zum Scheitern verurteilt. Ihr Ja ist nicht einfach zu bekommen. Vor allem in Großbritannien, Frankreich und der Sowjetunion gibt es Vorbehalte gegen ein wirtschaftlich und politisch mächtiges Gesamtdeutschland. Der Sowjetunion bereitet die militärische Bündniszugehörigkeit zusätzliche Sorgen. Um alle Probleme zu lösen, treffen sich die Außenminister beider deutscher Staaten mehrfach mit den vier Außenministern der Siegermächte zu den sogenannten Zwei-plus-Vier-Gesprächen. Nach und nach werden die wichtigsten Fragen geklärt. Der Abzug der sowjetischen Truppen aus Ostdeutschland wird ebenso vereinbart wie die endgültige Festschreibung der Westgrenze Polens. Die Bundeswehr muss von 500 000 auf 370 000 Mann verringert werden. Im Gegenzug kann das Territorium der neuen Bundesländer zur NATO gehören. Am 12. September 1990 wird der Zwei-plus-Vier-Vertrag in Moskau von allen Beteiligten unterzeichnet. Damit ist der Weg frei: Bereits acht Tage später stimmen die Volkskammer und der Bundestag über den rund 900 Seiten starken Einigungsvertrag ab. Die DDR erklärt darin ihren Beitritt zur Bundesrepublik und übernimmt das Grundgesetz. In der Volkskammer stimmen 299 von 380 Abgeordneten für den Vertrag, im Bundestag sind es 442 von 492. Vollzogen wird die Einheit am 3. Oktober 1990. Besonders ausgiebig wird dies in Berlin gefeiert – der Stadt, die am meisten unter der Teilung zu leiden hatte und die nun wieder Hauptstadt Deutschlands ist.

In mehreren Reden zur Wiedervereinigung verspricht Helmut Kohl, die neuen Bundesländer »in den nächsten drei bis vier Jahren in blühende Landschaften zu verwandeln«. Doch diese Vorstellung erweist

Demonstration gegen die »Einverleibung der DDR« durch die Bundesrepublik

Im Osten »blühende Landschaften« schaffen

sich schon bald als Fehleinschätzung und gibt kritischen Stimmen Recht. Da die Wirtschaft im Osten nur sehr schleppend auf die Beine kommt, wandern vor allem junge und gut ausgebildete Menschen verstärkt in den Westen, rund zwei Millionen allein im ersten Jahr der Einheit. Bis heute herrscht im Osten hohe Arbeitslosigkeit, weitaus höher als im Westen. Sie verstärkt die Frustration vieler Menschen, zumal dieses Problem zu DDR-Zeiten so nicht existierte. Hinzu kommt die sprichwörtliche »Mauer in den Köpfen«, gebaut aus Vorurteilen und Ignoranz. Manche Ostdeutsche sehen in den »Wessis« nur überhebliche Besserwisser, die auf sie herabsehen. Andere flüchten sich in »Ostalgie« und verklären und beschönigen im Nachhinein die Lebensumstände in der DDR. Manche Westdeutsche hingegen betrachten die Bürger der neuen Bundesländer als Nutznießer eines von ihnen aufgebauten, erfolgreichen Systems. Die Leistung der friedlichen Revolution sowie die völlig unterschiedlichen historischen Voraussetzungen und kulturellen Besonderheiten sehen sie dagegen nicht. Heute ist klar, dass eine umfassende Einheit, die alle Bereiche der Wirtschaft, des Lebens und der Kultur einschließt, noch lange nicht erreicht ist. Zwischen 1989 und 1990 wird der Weg zur Einheit mit Verträgen und Unterschriften freigemacht, diesen Weg ebnen und ihn zu Ende gehen müssen die Deutschen noch lange.

Frustation, Arbeitslosigkeit und »die Mauer in den Köpfen«

Die hohe Arbeitslosigkeit im Osten ist eines von vielen Problemen, die seit der Wiedervereinigung auf Lösung drängen.

Deutschland in der Welt –
die Welt in Deutschland

Auf den jährlich stattfindenden Weltklimakonferenzen spielt Deutschland eine führende Rolle und war 2007 Gastgeber des G8-Gipfels. Im Kosovo sollen deutsche Soldaten helfen, den Frieden zu sichern und in Afghanistan den Wiederaufbau des Landes unterstützen. Die Einsätze der Bundeswehr werden bis heute jedoch kontrovers diskutiert. Doch wie immer man sie auch bewertet, diese und andere Beispiele zeigen, dass Deutschland nach der Wiedervereinigung ein vollwertiger Teil der Staatengemeinschaft geworden ist. Volle Souveränität bedeutet aber auch volle Verantwortung, der sich gerade ein Land wie Deutschland, ein Land mit einer wechselvollen Geschichte, nicht entziehen kann.

Galt Deutschland früher als nationalistisch und militaristisch, ist es heute ein demokratischer, weltoffener Staat, der eine Schlüsselstellung im europäischen Einigungsprozess einnimmt. Deutschland tritt ein für ein Europa, in dem die einst so wichtigen und umkämpften Grenzen kaum noch von Bedeutung sind. Für kommende Generationen werden Paris und Warschau nicht nur bequem erreichbare Nachbarstädte sein, sondern Städte, in denen man ganz selbstverständlich mit gleicher Währung zahlt, studiert, lebt und Freunde besucht. Natürlich wird man mit diesen Freunden über Geschichte und Verantwortung diskutieren, vor allem über die deutsche. Doch sie muss nicht mehr trennen, sondern kann verbinden. Weil die Menschen aus ihr gelernt haben.

Deutschland ist in der Welt angekommen. Aber die Welt auch in Deutschland. Die Gastarbeiter zählten zu den Ersten. Inzwischen ist Deutschland ein Einwanderungsland, das von Italienern, Griechen, Türken und Menschen anderer Nationen mitgeprägt wird. Es ist kulturell und religiös ein Land der Vielfalt. Neben Moscheen gibt es wieder Synagogen und jüdische Gemeinden, die ihren Glauben aktiv leben. Manche Menschen sehen die großen Vorteile dieser Vielfalt nicht, und eine kleine Minderheit am äußeren rechten Rand kämpft sogar empört dagegen an. Sie versteht diese Welt nicht, der die Zukunft gehört. Eine Welt, für die sich die demokratische Mehrheit längst entschieden hat. Die demokratischen Werte allerdings auch zu leben und zu erhalten, dafür muss sich jeder immer wieder aufs Neue einsetzen. Das gilt für vergangene Zeiten ebenso wie für heute.

KOMMENTAR

»Optimismus ist nicht Pflicht, aber doch eine Möglichkeit«

Das also waren unsere ersten 60 Jahre. Ja, UNSERE, denn ich bin überzeugt: Wenn diese Demokratie sich gut entwickeln soll, dann dürfen wir Bürger nicht nur Zuschauer sein. »Lass die Politiker mal machen« ist als Einstellung genauso falsch wie »die Politiker machen ja doch, was sie wollen«. Das Buch gibt genügend Beispiele dafür, dass man Rechte erkämpfen und eine Gesellschaft friedlich verändern kann. Die Herausforderungen der nächsten 60 Jahre werden wohl andere sein: Klimawandel, Energieumstellung, Völkerwanderungen der Armen. Wir werden noch globaler denken müssen als bisher. Aber wir sind auch viel stärker als zu Beginn unseres Weges 1949. Wir haben Partner in aller Welt, wir sind wieder vereint und wohlhabend. Optimismus ist also nicht Pflicht, aber doch eine Möglichkeit.

DEINE MEINUNG

Deutschland heißt für mich …

» … Land der Gegensätze. Wir wachsen auf in einer Kultur zwischen Gartenzwerg und Goethe, Eisbein und Einstein, Bildzeitung und Beethoven. Deutsch zu sein ist also gar nicht so einfach: Aus unserem Land stammen einige der klügsten Denker, aber leider auch einige der grausamsten Machthaber, die es je gegeben hat.

Genau zwischen diesen Extremen scheinen wir uns mittlerweile bequem eingerichtet zu haben – diszipliniert und bürokratisch. Was wir für die Zukunft Deutschlands jedoch dringend brauchen, sind der Wille und die Energie, demokratisch mitzubestimmen und die eigene Meinung zu vertreten.

Ein Volk kann und muss in einer Demokratie mehr tun als alle vier Jahre ins Wahllokal zu gehen. Schließlich sollte es niemals einfach werden, Deutscher zu sein.

Anne Hähnig, 20, Studentin

» … in erster Linie die Chance auf Veränderung! Die Bundesrepublik muss weder Abschiebeweltmeister noch das OECD-Land mit den am schnellsten wachsenden sozialen Gegensätzen bleiben. Man muss die Existenz von »No-go-Areas« nicht leugnen, Reaktorlaufzeiten nicht verlängern oder Telekommunikationsdaten aufzeichnen.

Sich gesellschaftlich Gehör verschaffen und etwas zu sagen haben – das muss man. 1968 hat das eine ganze Generation versucht. Was davon heute übrig ist, kommt ziemlich dürftig daher – bestenfalls als Bionade-Werbespot.

Dabei sollte sich vielleicht gerade die Generation Hartz daran orientieren, was die 68er jenseits von Gewaltdebatte, Film- und Magazinflut hinterlassen haben: nämlich die Erkenntnis, dass Politik nur dann funktioniert, wenn auch alle mitmachen.

Hannes Petzold, 19, Schüler

Register

Bildquellennachweis